Sobrevivir a la crianza de los hijos

Karin Schlanger (ed.)

Sobrevivir a la crianza de los hijos

Prácticas para pasarlo bien juntos

Herder

Diseño de portada: Gabriel Nunes

© 2021, Karin Schlanger
© 2021, Herder Editorial, S. L., Barcelona

ISBN: 978-84-254-4733-4

Cualquier forma de reproducción, distribución, comunicación pública o transformación de esta obra solo puede ser realizada con la autorización de sus titulares, salvo excepción prevista por la ley. Diríjase a CEDRO (Centro de Derechos Reprográficos) si necesita reproducir algún fragmento de esta obra (www.conlicencia.com).

Imprenta: Liberdúplex
Depósito legal: B - 14.286 - 2021
Printed in Spain - Impreso en España

Herder
www.herdereditorial.com

Índice

Prólogo 11
 Mark Beyebach

Introducción 15

**1. Bases teóricas que sustentan los capítulos
 siguientes** 25
 Karin Schlanger

**2. Quiero ser mejor padre, ya sea en pareja
 o divorciado** 37
 Esther Krohner
 ¿Y qué pasó en esta historia? 40

**3. Cuanto más la obligo,
 peor nos sentimos las dos** 51
 Margarita Irazusta
 ¿Y qué pasó en esta historia? 55

**4. ¡Ayuda! Mi hijo está siendo acosado
 por sus amigos** 63
 Carmina Asunción Gillmore
 Las personas cambian solo cuando tienen
 un motivo para cambiar 68

5. No me gusta nada la novia de mi hijo 73
 Clara Solís y Pedro Vargas Ávalos
 ¿Cómo termina esta situación? 79

6. Fuma y sigue meándote, ¡es tu vida! 85
 María Lleras de Frutos
 ¿Y qué pasó en esta historia? 91

7. ¡Estudia o te irá mal el resto de tu vida! 99
Karin Schlanger
¿Y qué hicimos en esta situación?...................... 103

8. Si supieras que le estás dando veneno a tu hija, ¿qué harías? 111
Gloria Díaz
¿Cómo vemos nosotros esta situación?............... 113
Advertencia... 120

9. La mochila que salvó a nuestra familia 121
Raquel Maresma Bernal
¿Y qué pasó en esta familia? 124

10. Mientras más lo presiono, más lo alejo 131
Ignacia Pérez Botto
Tengo que proteger a mi hijo adolescente de sí mismo, pero no sé cómo 131
¿Y qué pasó en esta terapia? 133

11. Ideas para padres novatos, cortesía de padres veteranos: todo sale bien al final 141
Karin Schlanger y Juan Luis Linares

Conclusión 155
Karin Schlanger

Sobre los autores 157

A mis dos hijos, Felipe y Andreas, porque ahora que son adultos nos seguimos eligiendo para tener las conversaciones importantes, y a mis mentores, Weakland, Fisch y Watzlawick, que me dejaron al mando de esta nave y a quienes extraño.

Prólogo

Me complace poder prologar este «pequeño gran libro», un texto que nace con la voluntad declarada de ayudar a madres y padres en apuros con sus propios hijos, pero que constituye una lectura valiosa, amena e incluso provocadora para cualquier persona que desee reflexionar sobre la apasionante empresa de educar. Es, además, un buen compendio de casos clínicos abordados mediante Terapia Breve de Resolución de Problemas, que interesará tanto a terapeutas experimentados como a clínicos en formación.

El libro empieza con una introducción en la que Karin Schlanger sabiamente sitúa a los lectores en las ideas básicas de la Terapia Breve de Resolución de Problemas, a fin de permitirles acceder a la lógica del *«no sentido común»*. A este primer capítulo sigue una revisión de las bases teóricas del enfoque que, aunque se remontan a los años cincuenta y sesenta del pasado siglo, continúan generando investigaciones fructíferas, como los estudios experimentales de Janet Bavelas sobre comunicación o las investigaciones de Michael Rohrbaugh y Varda Shoham sobre los «procesos irónicos».

El resto del libro se sitúa ya en un terreno enteramente práctico. Las colaboradoras de Karin Schlanger narran de forma vívida y cercana nueve historias diferentes, nueve casos contados en primera instancia desde la experiencia de desmoralización y desesperación de los propios padres, y analizados después desde el punto de vista de los terapeutas que los ayudaron a reencauzar la situación. Los casos son variados, aunque comparten algunos temas que me parecen muy sugerentes. Por un lado, la potencial dificultad de las *transiciones:* transición hacia una familia con padres divorciados en la primera historia que se nos presenta; transición hacia la adolescencia o hacia la vida adulta en siete de los relatos, transición de la familia a un nuevo país en otra historia y un capítulo en el que dos personas «sabias» nos llevan de la mano hacia un final feliz. Por otro, la importancia en la educación de una *presencia parental* afectiva y segura, que no sea ni intrusiva ni desconfiada, sino respetuosa y empoderadora. Finalmente, en todas las historias se destaca la relevancia que tiene el modo en que los padres *percibimos* las dificultades con nuestros hijos, a la vez que se enfatiza la necesidad de *actuar*, la necesidad de hacer algo distinto —aunque sea pequeño— para generar cambios.

A mi juicio, uno de los principales méritos de este libro es que sitúa los problemas de niños y adolescentes en su contexto interaccional, en relación con lo que sucede entre las personas en la familia, en el colegio o en el grupo de amigos. Rescatar esta mirada relacional me parece especialmente importante en estos momentos que Marino Pérez Álvarez denomina de «cerebrocentrismo», de fascinación acrítica ante los nuevos hallazgos de la psiconeurología sobre el funcionamiento de nuestro sistema nervioso. Dichos descubrimientos son, sin duda, fascinantes, pero no deberían llevarnos a olvidar que los humanos no somos simplemente un vehículo para nuestros cerebros, sino personas que tenemos —entre otras cosas— cerebros, pero actuamos inmersos en una red de relaciones interpersonales y en una matriz de significados y valores culturales al menos tan importantes como las conexiones neuronales que se establecen dentro de nuestros cuerpos. Esta visión interaccional es posiblemente el mejor antídoto ante la oleada de sobremedicación con psicofármacos que recorre nuestros centros educativos y los recursos de salud mental de medio mundo.

Otra fortaleza de este libro es que ofrece una alternativa a la psicopatologización de los problemas en la infancia y la adolescencia, y que lo hace sin culpabilizar a los padres. En este sentido, Karin Schlanger y sus compañeras no proponen sustituir el diagnóstico de posibles enfermedades mentales individuales por el desvelamiento de supuestas patologías familiares, de «conflictos familiares profundos» subyacentes, sino que reconocen que a menudo los problemas se convierten en tales simplemente porque los padres manejamos de forma desacertada una dificultad con nuestros hijos, *con la mejor intención*, y luego persistimos en esta solución intentada ineficaz porque creemos que es «de sentido común», pese a sus efectos contraproducentes. A mi entender, esta visión tiene un efecto liberador, que pone en un primer plano la capacidad de cambio de los padres, sus opciones de elegir cursos de acción alternativos. Además, en la tradición de las terapias breves, se subraya que es posible cambiar un sistema cambiando una sola de sus partes, lo que acentúa el pragmatismo del enfoque y facilita su aplicación.

También me gustaría destacar que el abordaje terapéutico en este enfoque se hace *a la medida de los clientes*, teniendo en cuenta sus particulares circunstancias, sus preferencias y sus valores. Esto me parece muy importante en una época en la que están tan de moda los rígidos protocolos de intervención en psicología clínica, la psicología del desarrollo malinterpretada como prescripción de cómo deben desarrollarse las personas (y no como mera descripción científica de cómo suelen hacerlo) y el encasillamiento de los clientes en «tipos de problemas» o en «tipologías de disfunción familiar». Este mismo respeto profundo por las personas con las que trabajamos se plasma también en la concepción del cambio terapéutico que nos proponen las autoras de este libro: no se trata de «educar» a las familias o de llevarlas por una ruta preestablecida entendida como la única correcta, sino que es suficiente con «desatascar» una situación, con conseguir algún pequeño cambio que desactive el círculo vicioso que atrapa a los implicados para que, a partir de ahí, las cosas sigan su curso y la familia vuelva a aprovechar sus propios recursos. Por eso, este libro no proporciona recetas cerradas, pautas de obligado cumplimiento ante determinadas dificultades, sino que nos invita a los padres a adoptar una cierta *posición*, una postura flexible ante las dificultades que vemos en o con nuestros hijos: tomar distancia y examinar de forma crítica si eso que estamos haciendo una y otra vez con la intención de ayudar a nuestros hijos verdaderamente funciona. Y, si no lo hace, atrevernos a ensayar alguna conducta alternativa y comprobar qué efecto tiene. En este sentido, me parece que este libro transmite una confianza profunda en las familias: confianza en los hijos y su capacidad innata de desarrollarse hacia la madurez y la autonomía, y confianza en los padres y su capacidad de cambio.

Mark Beyebach
Departamento de Ciencias de la Salud
Universidad Pública de Navarra, España

Introducción

Lo que para una persona puede ser un problema, para otra puede ser algo muy normal. Para nosotros, *si no hay queja, no hay problema.*

Fisch y Schlanger, *Cambiando lo incambiable*[1]

Estimados padres y madres:

Somos un grupo de psicólogas que vivimos dispersas por el mundo y tenemos en común el hecho de que amamos lo que hacemos. Vivimos en Chile, Paraguay, Barcelona y cuatro de nosotras en Estados Unidos, en Palo Alto, California, que es donde nació este modelo de resolución de problemas. La mayoría de nosotras tenemos hijos de diversas edades, así que sabemos de lo que estamos hablando o, por lo menos, ¡eso creemos! Con la experiencia de muchos años, decidimos escribir este manual porque veíamos redundancias y repeticiones en las dificultades que las personas nos traían. ¿Por qué no tratar de ayudar a toda la gente que, seguramente, está *al borde* de pedir ayuda? Somos humanos, así que, aun en diferentes culturas y a lo largo del tiempo, la niñez y la adolescencia en el mundo occidental son similares.

1. R. Fisch y K. Schlanger, *Cambiando lo incambiable. La terapia breve en casos intimidantes*, Barcelona, Herder, 2012, p. 22.

Nuestra intención es contarles cómo, desde nuestro modelo de Brief Therapy —Terapia Breve de Resolución de Problemas—, vemos la realidad desde una perspectiva en la cual, una vez que se tiene conciencia de que hay algo que causa dolor/molestia/incomodidad, se pueda *actuar* de manera diferente para que, como resultado, la situación que causa el problema ya no pueda darse.

Habiendo dicho esto, también debemos aclarar que, como padres, es nuestra responsabilidad velar por el bienestar de nuestros hijos y, *si los consejos o sugerencias que proponemos en este libro no ayudan casi inmediatamente, es importante consultar con un profesional de salud mental.*

Antes de seguir leyendo, tienen ustedes que saber que hay unas cuantas cosas que hemos aprendido a lo largo de los años de nuestro trabajo con jóvenes y sus familias.

1) Los padres no pueden ser padres y, al mismo tiempo, ser los mejores amigos de sus hijos. Eventualmente, cuando sean adultos, si resulta que han salido bien, puede ser que los elijamos —y que nos elijan— para ser amigos.

2) Cada situación difícil entre un joven y sus padres es única y diferente, con lo cual son los padres los que están en la mejor posición de efectuar un cambio. Esto les quedará claro a los padres que tienen más de un hijo: ¡son todos diferentes!

3) Cuidado con tenerles miedo a nuestros jóvenes: cuando alguien tiene miedo, deja de pensar de manera lógica y de ese modo se cierran puertas hacia una interacción diferente, con posibles resultados diferentes. Y esto nos trae a nuestra convicción más profunda, que nos diferencia de otras formas de ver la realidad:

4) Creemos que una dificultad es siempre el resultado de una interacción. Esta puede ser vista como la interacción entre los jóvenes y sus padres, los jóvenes y su contexto, que *luego* tiene un efecto en casa, los padres y su contexto, que luego también tiene un efecto en casa.

5) En los diferentes ejemplos que todas hemos presentado en nuestros capítulos, verán ustedes que el énfasis está en hacer algo que sea de *no sentido común*. Aquí es donde debemos contarles un poco cómo pensamos y por qué damos las recomendaciones que damos. Y finalmente:

6) Cuando hay un problema, una queja, una inquietud en una persona dentro de la familia, esto tiene un impacto en el resto de los componentes de dicha familia y en su funcionamiento. Por eso verán, queridos lectores, que en las diferentes situaciones de las que hablamos habrá consecuencias positivas para otros miembros de la familia cuando la situación problemática que los tiene atascados se «des-atasca» con la implementación de acciones diferentes que son de *no sentido común*.

En la sociedad occidental en la que vivimos, el énfasis se ha ido poniendo cada vez más en la individualidad y así es como se llega con relativa facilidad a señalar con el dedo a *la* persona que está causando un problema. En cuanto damos un paso atrás para tener más perspectiva, podemos elegir hacernos partícipes de aquello que ocurre a nuestro alrededor. Si bien esta acción resulta incómoda —muchas veces es más fácil señalar a alguien fuera de nosotros mismos—, podemos garantizarles que es altamente productiva. Nosotras hablamos de poder *ver mejor la película:* ¿quién le dice *qué a quién* y *cómo responde* la otra persona? Esa respuesta ¿tiene el efecto deseado, es decir, el de acabar con el comportamiento disruptivo o termina siempre en lo mismo, con más discusiones? Como humanos tenemos un número limitado de respuestas posibles y tenderemos a repetir las que, en algún momento en el pasado, funcionaron. O sea, las respuestas que produjeron el efecto deseado. Un poco, si se me permite, como un perro que está acostumbrado a que su amo le abra la puerta al jardín cada mañana para que haga sus necesidades. Parte de la rutina del perro y su amo es que, cuando el perro vuelve del jardín, el amo le ha puesto un poquito de leche en su comedero y el perro, muy feliz, se la toma. Una buena mañana, el amo ha olvidado comprar leche; por lo tanto, cuando el perro regresa de su salida y encuentra el comedero vacío, vuelve a salir al jardín *para* poder volver a entrar y tal vez, en esta segunda entrada, encontrar leche en su comedero. ¿Les resulta familiar?

También es cierto que nuestra sociedad acepta todavía la idea de que para resolver un problema de corte psicológico hace falta, *es necesario*, llegar a saber su *porqué*, hay que explorar las causas que dan por resultado el problema actual, identificarlo y, de ser posible, darle una etiqueta o diagnóstico. Estos supuestos se han convertido en parte del *saber* de la sociedad en general, por lo tanto, nos llegan muchos clientes —no hablamos de «pacientes» desde nuestro punto de vista— que, con resignación, están dispuestos a invertir el tiempo y el dinero que supone ser parte de una excavación arqueológica en búsqueda del porqué, para luego poder llegar a lo que quieren verdaderamente, que es que el problema con el cual están atascados se solucione. Para su gran sorpresa nosotras pensamos de manera diferente y, consecuentemente, actuamos de manera diferente. Nuestra práctica es muy distinta de la del «psicólogo clásico». Por eso escribimos este libro.

Empecemos con una anécdota que ilustra lo que queremos decir.

Hace poco mi automóvil nuevo decidió detenerse en medio de la autopista. Con mucho trabajo logré llegar al arcén para no crear un atasco. Como era un automóvil más o menos nuevo, lo primero que hice fue llamar a la concesionaria donde lo había comprado. Me pusieron en contacto con un ingeniero de turno que me hizo muchas preguntas. ¿En qué circunstancias se había parado el motor? Quería mucha información acerca de cómo se había estado comportando el automóvil hasta entonces, qué ruidos había estado haciendo el motor últimamente, si le había hecho los mantenimientos correspondientes y, después de todas esas preguntas, dijo saber exactamente por qué se había parado el motor, pero que desgraciadamente no había nada que pudiera hacer para ayudarme en ese momento. Tendría que llevar el coche a la concesionaria para que pudieran establecer con claridad por qué me había quedado parada en la autopista.

Al colgar, muy frustrada, llamé al servicio más cercano de asistencia en la carretera. Desde allí llegó un mecánico que, mirando el motor, dijo que no tenía ni idea de por qué se había parado. No conocía este modelo de automóvil lo suficiente como para hacer un diagnóstico a simple vista, pero me remolcó a su taller, abrió el capó del coche y a los diez minutos mi motor volvió a la vida. Sí, me hice una nota mental de pedir una cita en la concesionaria para más tarde, pero entre tanto llegué adonde debía ir.

De la misma manera, nuestra aproximación a la resolución de problemas es muy pragmática: resolvemos casos concretos y del momento, proponiendo soluciones que se adaptan de manera única a la situación única, para esa persona en ese momento de su historia. Utilizando la anécdota del automóvil, podemos afirmar que *entender el porqué* no es *saber qué hacer* para que la situación cambie. Por lo tanto, como terapeutas breves, se puede decir que nos acercamos a los clientes donde se encuentran, en el momento que nos vienen a pedir ayuda, y los acompañamos adonde quieren ir, en su lenguaje y a su ritmo, respetando sus valores y su visión del mundo. Focalizamos, pero no reducimos.

Cada situación que se aborda en la Resolución de Problemas es particular porque nuestra experiencia nos dice que cada caso será irrepetible y único. Desde allí podemos usar los casos que contaremos en el libro *como ejemplos*, para mostrar que, en casos similares, las respuestas de los padres podrían adoptarse, siempre acomodándose a las necesidades únicas de cada familia, cada niño/a o adolescente. Basadas en casi cuarenta años de experiencia, queremos hablar de situaciones en las cuales otras personas podrían encontrarse y aprovechar para responder de manera diferente para que la *situación problemática puntual* no se convierta en un *problema*. Son ejemplos y no son protocolos que deben seguirse al pie de la letra. Los hemos elegido porque nuestras intervenciones de *no sentido común* —que explicaremos en el capítulo 1— tuvieron éxito: la conducta problema cesó.

En el libro tenemos varias situaciones en las cuales el problema principal se desarrolla en la escuela: a Matías y a María los acosan y Daniela no estudia lo suficiente a ojos de sus padres para poder ser exitosa. En el frente hogareño, los padres de Carla se están divorciando y ambos quieren lo mejor para ella, pero no logran ponerse de acuerdo en qué sería eso. Más adelante en el espectro de edades, Mateo trae a su casa a su novia, Rubén sufre de enuresis y fuma porros y, finalmente, Sandra está en una relación de pareja abusiva.

Habiendo dicho esto, los casos de los que hablamos, con los correspondientes cambios de nombre, género y edad para proteger la confidencialidad de nuestros sujetos, son casos verdaderos. Agradecemos a nuestros clientes el habernos brindado la posibilidad de ayudarlos siguiendo nuestras sugerencias que muchas veces fueron difíciles de implementar y que pudieron sonar muy locas en su momento. Gracias a que compartieron sus historias con nosotros, quizás podamos ayudar a otros padres que se sientan identificados con sus historias.

En el capítulo 3, María no quería ir a la escuela y su madre le insistía a diario, lo cual tenía por consecuencia que María seguía sin ir a la escuela y la relación entre ellas había empeorado. En el capítulo 8, Sandra ya tiene dieciocho años, es mayor de edad y está arruinándose la vida porque está de novia con un muchacho que solo le ofrece marihuana y holgazanería. Su madre está, naturalmente, desesperada, pero… sigue volviendo al jardín porque cree que esta vez sí habrá leche en su comedero. En el capítulo 4, Matías, el hijo dorado, sufre acoso escolar y sus padres quieren intervenir a toda costa en la clase, en la escuela y hasta con las familias de sus amigos. En el capítulo 2, el padre monoparental se preocupa de que él o su exmujer vayan a lastimar a sus hijos si actúan de manera más consecuente, creando dificultades para los cuatro hijos, pero en especial para Carla. En el capítulo 7, la desesperación de los padres parece ser infinita, lo cual hace que ellos se peleen entre sí. En el capítulo 6, Rubén preocupa a su madre sobremanera porque fuma cannabis, pero además tiene enuresis nocturna a los dieciséis y está aislado. En el capítulo 5, el joven de dieciséis años tiene una novia que los padres desaprueban; en el capítulo 9, los padres ya no saben qué hacer con la hija, que se porta mal y no obedece, y finalmente, en el capítulo 10, una viuda se siente mal por la historia vivida por su hijo debido a la muerte de su padre y lo trata demasiado con guantes de seda.

Hemos elegido estos ejemplos porque representan una variedad de situaciones en las cuales los padres, con la mejor de las intenciones, repiten una y otra vez aquello que *no funciona*, a pesar de ser de sentido común. El mensaje que recibe el joven en todos estos casos es siempre el mismo, aunque el emisor del mensaje sienta que son mensajes muy diferentes.

Este libro solo pretende dar sugerencias prácticas en situaciones no extremas, pero también insinuar que algunas situaciones que parecen extremas quizás no lo sean tanto si se ven en el contexto en el que suceden. Cuando una adolescente se autolesiona ¿es en respuesta a qué? ¿Qué otra cosa ocurre en su vida? Vale la pena preguntar, escuchar, reconocer su dolor, en lugar de reaccionar con pánico dándole el mensaje de que ella no puede controlarse y, por lo tanto, debe de estar *muy* mal, *muy* enferma, con lo cual es posible que se autolesione más. Las situaciones de trastornos alimentarios asustan mucho porque hay situaciones que son de vida o muerte. ¿Qué más está ocurriendo?

¿En qué otras situaciones esta persona se siente fuera de control? Después de un seguimiento médico, ¿en qué contexto está ocurriendo la bulimia y cómo se puede cambiar? Ciertamente no diciéndole a la doliente que deje de inducirse el vómito. Si pudiera hacerlo sola, ya lo habría hecho: está mandando un mensaje a su entorno para que alguien la ayude, ella debe poder oír un mensaje diferente, hasta quizás de no sentido común. O cuando un adolescente está bebiendo demasiado alcohol y tiene que escuchar una vez más por parte de sus padres las frases «Por favor, deja de beber» o «¿Quieres ir a algún grupo de Alcohólicos Anónimos?», mensajes bien intencionados de las personas que sufren las consecuencias de la alcoholización. Sospechamos que, para cuando nos vienen a ver estos padres, ya lo han intentado suficientes veces sin éxito y es hora de intentar algo diferente. Les decimos que sus respuestas se han convertido en las respuestas *de sentido común* que, de haber funcionado, harían que estos padres no estuvieran en la situación en la que están.

Por último, claro, esperamos que el libro sea de ayuda para aquellos padres y jóvenes creativos que quieren ver la realidad desde un punto de vista nuevo y diferente. ¡Diviértanse!

1. Bases teóricas que sustentan los capítulos siguientes

Karin Schlanger

Es importante que los lectores tengan un contexto desde el cual *ver* cada capítulo que hemos elegido para el libro. Repetimos que es nuestra intención aconsejar una acción divergente de las tomadas normalmente o de lo que aconseja el sentido común. Queremos mostrar que hay alternativas posibles, aun cuando las personas dentro de la interacción en ese momento no lo crean o no puedan verlas. Por supuesto, la advertencia es que, en este formato, nuestra intención es solo dar consejos y no que nuestra palabra sea tomada textualmente o como una intervención profesional. Por cierto, nos gustaría enfatizar en que no todos los casos, en ningún modelo de terapia, son siempre exitosos: a veces hace falta acudir al psiquiatra en búsqueda también de medicación, pero queremos con este capítulo subrayar que nuestras intervenciones tienen una razón de ser, ¡aunque parezcan sacadas de la manga!

Recomendamos a los lectores interesados en más detalles la lectura de varios textos para profesionales, publicados por esta misma editorial: *La táctica del cambio*, de Fisch, Weakland y Segal, y *Cambiando lo incambiable*, de Fisch y Schlanger. Entre tanto, presentamos aquí algunas de las bases teóricas.

El antropólogo Gregory Bateson, quien acuñó el concepto de cibernética en las ciencias sociales, propone que todo comportamiento es sistémico. Los comportamientos de todo individuo que opera en un grupo responde a los comportamientos de los otros miembros del grupo y depende de las relaciones entre ellos. La estabilidad, la homeostasis del grupo, se conserva por una sucesión de cambios incesantes, como si se tratara de un caminante en la cuerda floja en el circo, que debe hacer oscilaciones permanentes, ajustes permanentes para mantener el equilibrio. Irónicamente estos ajustes deben ser hechos de manera poco convencional porque si el equilibrista se siente caer hacia la izquierda, su movimiento corrector debe comenzar con un leve movimiento hacia la izquierda, antes de hacer la oscilación hacia la derecha. O sea que se mueve primero, imperceptiblemente, en la misma dirección que amenaza hacerlo caer de la cuerda floja.

Los comportamientos observados dentro del grupo podrían modificar los usos y costumbres del sistema si no fueran neutralizados por otros comportamientos que tienen por función mantener las tradiciones, o sea que se oponen al cambio para la aparente supervivencia del grupo.

Esto es exactamente lo que ocurre en toda situación de comunicación.

Bateson llama «cismogénesis» a todo comportamiento que lleva al alejamiento de la situación inicial: *cismogénesis simétrica*, cuando la interacción corresponde a que cada participante hace más de lo mismo para exceder lo que está haciendo el otro (como en un juego de individuales en tenis), o *cismogénesis complementaria*, cuando el comportamiento de una persona justifica el comportamiento propio en respuesta al comportamiento del otro (como el bateador y el que recibe en un juego de béisbol).

Desde este punto de vista surge una idea nueva: es la *interacción* la que desencadena los comportamientos humanos, no las motivaciones internas. En Palo Alto Don Jackson, el fundador del Mental Research Institute (MRI), comienza a aplicar a sus pacientes esta idea general de Bateson. Mientras era el director de Psiquiatría de la Palo Alto Medical Foundation, en Palo Alto, y antes de fundar el MRI en 1959, el Dr. Jackson se encontraba con sus pacientes en el cine, en el supermercado y en la calle. En todas esas ocasiones, le presentaban con entusiasmo a personas importantes en sus vidas: «¡Ah! Dr. Jackson: déjeme presentarle a mi esposo/hija/sobrina». Esto, aparentemente, sucedía con frecuencia, ya que Palo Alto en aquel momento no era el núcleo del Silicon Valley, sino más bien un pequeño pueblo en el cual vivían profesores y alumnos asociados con la Universidad de Stanford. Se le ocurrió entonces al Dr. Jackson invitar a esas personas a la sesión y de esa manera, en lugar de escuchar solamente una versión —sesgada por definición ya que era solamente la «opinión» del paciente que estaba viendo—, podía escuchar otra versión igualmente válida y, además, observar la interacción entre las personas presentes. Fue de esa manera como comenzó a trabajar con familias enteras que incluían un miembro con esquizofrenia. ¡Pero esa historia es para otro libro!

Si asumimos que los comportamientos son desencadenados por la interacción, también entonces le damos un nuevo significado a los comportamientos problemáticos: a) no hace falta trabajar con el individuo que está *exhibiendo* el comportamiento negativo porque podemos trabajar con la persona a quien este comportamiento más le afecta —lo llamamos nuestro «cliente» porque está haciendo el pedido de ayuda porque quiere cambiar la situación—; b) cuando ayudamos al cliente a cambiar sus comportamientos con respecto a la persona que exhibe el síntoma, igual que en un individual de tenis, la otra persona ya no puede continuar actuando de la misma manera. De ahí que este libro esté dirigido a los padres y no a los niños/adolescentes; c) cada comportamiento tiene sentido en el contexto en el cual está ocurriendo. La cismogénesis simétrica tiene sentido en un partido de tenis, en una relación entre alumno/maestro o madre/hijo, pero puede irse en la dirección equivocada en las relaciones del día a día que llevan a lo que llamamos una escalada simétrica negativa, como en el caso de Sandra, en el cual, cuanto más trata de ayudar la madre, menos aprende ella a valerse por sí misma, o en situaciones más extremas que terminan en violencia intrafamiliar. De la misma manera, la cismogénesis complementaria funciona en un partido de béisbol, pero no cuando hay *bullying/* acoso escolar, como en el caso de Matías.

Es desde nuestra perspectiva de que cada comportamiento tiene sentido en su contexto como podemos tomar la postura de «no patología» que nos permite pensar en situaciones alternativas. Es también desde esa postura como escribimos este libro de consejos, sin presentar los casos desde una postura de «expertos», sino desde la voz de los padres que vinieron a pedir ayuda. Entendemos que con esto se corre el riesgo de que los ejemplos parezcan *«light»*, pero también queremos enfatizar en que las prácticas comunes en la terapia pueden tener excepciones.

Desde Bateson, retomado por Watzlawick, también se pueden explicar los circuitos de la comunicación.

Una madre le regala a su hijo dos corbatas para su cumpleaños. Al día siguiente, de camino al trabajo, el hijo baja a tomar el desayuno usando una de las corbatas. Cuando la madre lo ve le dice: «Ah… ¡Así que la otra no te gustó!». Es una expresión de un doble vínculo porque no hay nada que el hijo pueda contestar que cuadre con la «acusación» de su madre.

¿Cuántos padres se han enfrascado en que los adolescentes deben hacer alguna tarea en la casa que no les gusta y por lo tanto no la hacen? Este pedido se topa en general con una negativa de acción, a veces precedido de un «Ya voy» que nunca ocurre. Cuando, después de muchas negociaciones, el adolescente realiza la tarea pedida pero lo hace con mala cara, el adulto le pedirá, con la mejor de las intenciones, que lo haga con buena cara. Y este pedido solo lleva a que el adolescente se vuelva aún más cerrado y distante.

Todo este trabajo tiene sus antecedentes en el estudio de la comunicación, específicamente en su aplicación a la esquizofrenia, que viene realizando desde 1952 el «Grupo Bateson». En ese grupo estaban John Weakland, antropólogo e ingeniero químico, Bateson mismo, Jay Haley, especialista en comunicación de la Universidad de Stanford, y William Fry, psiquiatra. En 1956 se publica *Hacia una teoría de la esquizofrenia*, que explica que, en una situación de «doble vínculo», los síntomas de la persona con esquizofrenia son una manera de adaptación a una situación familiar que sería insostenible con otra respuesta. Es la base para que podamos hablar de nuestro punto c) porque nos permite considerar que la patología no es intrapsíquica: lo que funciona mal son las relaciones. O sea que, dentro de las relaciones —en este caso familiares— no funcionales, a veces es lógico, porque procura una salvación, tener respuestas esquizofrénicas.

Este punto de vista se ha perdido lamentablemente en la era en la que darle una pastilla a un individuo es considerado más efectivo y ciertamente más económico. Al margen de la esquizofrenia, hablamos de un aumento de los casos de trastornos de déficit de atención (TDA) que están siendo medicados en las escuelas para que las aulas sean más manejables. El famoso Steve Jobs fue diagnosticado con TDA en una época en la que todavía no se recetaban pastillas. Quizás, si hubiera estado medicado, el sendero del mundo de la electrónica hubiera tomado una dirección diferente.

Don Jackson, en Palo Alto, fue partidario de ser «el mecánico» versus el ingeniero de la concesionaria en mi ejemplo anterior del automóvil que se paró en la autopista: su convicción de que la patología se desarrolla en un contexto lo llevó a hacer intervenciones con sus clientes para ver cómo funcionaban y ayudar en el momento, en lugar de ser un teórico que solo está dispuesto a implementar los resultados de una teoría, una vez comprobada.

Los ejemplos usados en este libro son el resultado de muchos años de experiencia. Yo trabajé casi veinte años con los inventores de este modelo pragmático y ahora llevo casi cuarenta trabajando con niños, adolescentes y sus familias.

El hipnoterapeuta y psiquiatra Milton Erickson tuvo también gran influencia en los miembros del equipo del Brief Therapy Center/MRI a través de sus encuentros con Weakland y Haley, en Phoenix, Arizona. De joven, él había tenido un caso muy serio de poliomielitis y, de adulto, tuvo que reaprender a caminar y a participar en el mundo, pero el tiempo que estuvo tendido sin poder moverse le dio un sentido muy agudo de observación y escucha de la gente a su alrededor. Una vez que fue médico, aprendió a usar su influencia sobre sus pacientes, con los que dialogaba y a los que les daba tareas para realizar *entre* sesiones, de las cuales ellos aprendían algo sobre sí mismos. Erickson cuenta que, en parte, había basado sus intervenciones poco convencionales en un recuerdo que tenía de su padre. Este había tenido una vez dificultad en hacer que un ternero se moviera hacia delante. Para resistir los esfuerzos del humano, el ternero había hundido las patas delanteras en la tierra para tener mejor tracción contra la soga de la que se tiraba. Al joven Milton se le había ocurrido entonces la idea de ponerse detrás del ternero y tirarle de la cola con todas sus fuerzas. Este tirón había hecho que el ternero saltara hacia delante, logrando el movimiento deseado en primer lugar por el padre.

Utilicemos este ejemplo, poco humano si se quiere, para hablar de nuestras intervenciones que son siempre sugerencias opuestas a las soluciones que se han intentado hasta ese momento —soluciones intentadas—. Todas estas soluciones son siempre las de sentido común. Al niño que no hace la tarea se lo incentiva/castiga/sermonea para que la haga. Paradójicamente, estas soluciones consisten en «tirar más de la soga», traer otra gente para que tire de la soga, traer un tractor para que tire de la soga, pero todas las soluciones van en la dirección en la que el ternero «decide» no cooperar y resistirse. Cuando Erickson le tira de la cola, lo que ocurre es a) algo diferente e inesperado y b) la sorpresa. Muchas de las intervenciones que se verán en este libro tienen que ver con abrir la puerta al factor desconocido/sorpresa para que juegue a favor de los padres que tratan de implementar un cambio del cual todo el mundo se va a beneficiar.

Lo que necesitamos enfatizar aquí es que cada solución requiere adecuarse a la situación particular y única: o sea que la nuestra *es una terapia hecha a medida para cada caso*.

El constructivista Heinz von Foerster, a través de Paul Watzlawick, también dejó su impronta en nuestra terapia. El concepto central del constructivismo es que «la realidad no existe»: cada uno construye su propia realidad, la cual es validada por las experiencias vividas por cada uno que refuerzan cada realidad, que a su vez tendrán un impacto en cómo se leen las próximas experiencias y así sucesivamente. Un buen ejemplo de esto lo constituyen las supersticiones: cuando Messi hace uno de sus goles magistrales, se santigua. Seguramente lo hace porque cree que el santiguarse lo ayuda a ser buen jugador. Si no hace goles en un partido particular, ¿es porque no se santiguó lo suficiente en el gol anterior? En otras palabras, se da un círculo en el cual el gol está relacionado con el santiguarse y por lo tanto, para Messi, nunca estarán separados. Constituyen la «realidad» de Messi.

Para terminar con las influencias en el modelo de Resolución de Problemas, los axiomas de la comunicación explicitados por Watzlawick, Beavin y Jackson tienen cierto impacto en cómo influenciamos las situaciones de manera diferente. Este uso de la comunicación está verdaderamente al alcance de todos los seres humanos que quieren enfocarse en cómo hablar/comunicarse con otros de manera más eficaz.

1) No se puede no comunicar. Cuando un padre le ha estado diciendo a su hija que debe traer mejores notas durante meses y ha intentado una variedad de soluciones que no han dado efecto, el silencio, «ya no le digo nada más», no es un cambio lo suficientemente notorio porque la niña ya tiene tan incorporado el discurso que no oye otra cosa, aun en el silencio.

2) La comunicación tiene dos niveles: uno de contenido y el otro de relación. Sin entrar en demasiado detalle —referimos a los lectores interesados a leer *Teoría de la comunicación humana*, de Watzlawick, Beavin y Jackson, Barcelona, Herder, 1981—, veamos un ejemplo ilustrativo: dos mujeres están en una fiesta muy elegante, a la que solo se espera que asistan damas muy distinguidas. Entonces una de ellas le pregunta a la otra: «Esas perlas ¿son auténticas?». La pregunta a nivel del contenido es correcta y tiene una respuesta cerrada: sí o no. Pero a nivel relacional con el contexto de la fiesta, la pregunta es un mensaje para desafiar el nivel de estatus por parte de la mujer que hace la pregunta hacia la mujer que está usando el collar de perlas.

3) La puntuación de la secuencia de hechos determina cómo toda comunicación es leída. «No te tengo confianza porque no me revelas tus sentimientos» es expresado por uno de los participantes en la comunicación, mientras que es recibido por el otro como «No comparto mis sentimientos contigo porque no me tienes confianza». Dejo pensar a los lectores en cuántas ocasiones se han encontrado en este circuito con otra gente, incluyendo los adolescentes. «¡Deja los videojuegos y sal con tus amigos!», dice el padre, a lo cual

el adolescente contesta «Si tuviera amigos, no estaría jugando a los videojuegos».

4) La comunicación se codifica de dos maneras al mismo tiempo: un nivel digital (lo que la persona dice) y un nivel analógico (cómo se dice lo que se dice). Si ambos niveles no son congruentes al mismo tiempo, el interlocutor puede encontrarse en la posición de no poder responder al mensaje.

5) Como derivación del concepto de cismogénesis de Bateson, la interacción en la comunicación es simétrica o complementaria. Este concepto lo he descrito en detalle al principio de este capítulo.

Como resultado de todas estas influencias, en el modelo de Terapia Breve de Resolución de Problemas/MRI no existe «La Verdad» que un cliente debe descubrir para «curarse», sino más bien UNA realidad que nos toca tener en cuenta: la del cliente. Le toca al terapeuta respetar esa realidad personal y en movimiento, solo cierta en el aquí/ahora, y al mismo tiempo ser empático de manera estratégica para ver el mundo desde los ojos del cliente y ver la realidad desde allí.

Finalmente cabe enfatizar que, en todos los casos, el cambio fue el resultado de la implementación de alguna *acción de no sentido común*. Es importante darle a la gente algo concreto que puedan implementar, en lugar de simplemente decirles que dejen de hacer algo. Si se le pide a alguien que «deje de estar sentado», habrá muchas acciones posibles que la persona puede tomar. Los terapeutas de Palo Alto sabemos que estamos a cargo de la sesión, de lo que ocurre en terapia. Por eso, en lugar de pedirle a alguien que «deje de estar sentado», daremos una directiva clara que se puede implementar y que tendrá el efecto deseado, por ejemplo: «Hágame el favor de ponerse de pie» o «¿Podría usted recostarse en el suelo por un minuto?».

En la Terapia Breve de Resolución de Problemas de Palo Alto, no hay iniciaciones en cosas misteriosas, sino que somos más bien investigadores, trabajamos con la persona que tenemos frente a nosotros, basados en la curiosidad por la persona y el deseo de ayudar.

Es desde esta óptica como nos animamos a mostrar a los padres lectores, usando ejemplos, otras posibles formas de ver la realidad desde otro punto de vista para poder implementar soluciones de «no sentido» común que posiblemente funcionen mejor. No estamos jugando, aunque a veces sí nos divertimos trabajando, pero tenemos una fundamentación teórica seria, fuerte y de muchos años de experiencia. Esperamos poder mostrarles algo que les sea útil en la vida cotidiana.

2. Quiero ser mejor padre, ya sea en pareja o divorciado

Esther Krohner

Ya no sé qué hacer con mi hija Carla. La he llevado a terapia porque creo que necesita un sitio donde hablar de sus emociones, que son muy fuertes. Deseo que Carla logre controlarse más y tener menos explosiones. Soy profesor y estoy a cargo de muchos jóvenes, con lo cual pensaba que había implementado un buen sistema en casa, pero pagar las consecuencias y los premios no funcionaban para mi propia hija. Parecía no importarle las recompensas o las veces que la mandaba a su habitación a pensarse las cosas. Ya no sé qué hacer para que se calme y se pelee menos con sus hermanos.

Tengo cuatro hijos con Magdalena y hemos sido buenos amigos durante toda nuestra relación, pero finalmente llegamos a un punto en el que ninguno de los dos estaba contento en el matrimonio. Decidimos explorar nuestras vidas por separado y la separación ha sido amigable, aunque hay muchos detalles que todavía tenemos que resolver antes de divorciarnos. Hemos decidido que nos vamos a tomar un tiempo para hacer las cosas bien, en parte, porque no sabemos cómo manejar el cuidado de nuestros cuatro hijos ni cómo manejar las cuentas comunes.

El más grande es Pedro, de trece años, después siguen las gemelas, de nueve años, y luego el más pequeño, de seis años. Carla es una de nuestras hijas de nueve años y es con la que tenemos mayores problemas en este momento. Tiene arrebatos a menudo y rabietas cuando pierde en algún juego. También ha estado pegando a sus hermanos más que de costumbre. La he traído yo a terapia porque su madre no tiene tiempo.

Me ha llevado un tiempo aceptar que Magdalena, mi exmujer, tiene el lujo de estar ocupada cuando más importa ejercer de padres, porque trabaja más que yo. Soy profesor, mientras que Magdalena tiene un trabajo estable con mayor salario que el mío. He aceptado muchas de sus prácticas de crianza, aun cuando ella no estaba para efectuarlas. Le gustaba usar recompensas y consecuencias con los niños y permitir que ellos mismos arreglaran sus desacuerdos, a menos que hubiera daño físico. Este método ha llevado a que usemos amenazas y sobornos para que los niños cumplieran con reglas del día a día.

Ahora estoy ensayando mis propios métodos de crianza, a pesar de que ella los desaprueba. Aunque mis estrategias son parecidas, me gusta hablar más de las cosas con mis hijos e intervenir cuando se pelean. También me gusta ser más flexible y dejar pasar algunas cosas que a Magdalena le parecían cruciales. Por ejemplo, si alguno tardaba demasiado en prepararse para el colegio, los mandaba a todos a su habitación después del colegio y los amenazaba con castigos más largos, dependiendo de las acciones que a ella no le gustaban. Sin embargo, a menudo, ella se encontraba ausente cuando tocaba ejecutar esos castigos.

Magdalena entra a trabajar temprano, antes de la hora de ir al colegio, y regresa durante la hora de la cena. Cuando estábamos casados esto hacía que yo fuera el principal responsable del cuidado de nuestros hijos. Mientras vivíamos juntos, por lo menos durante el fin de semana, ella o su madre ayudaban y me daban un respiro. Sin embargo, ahora tengo menos ayuda, porque ya no vivo en la misma casa y ella sigue trabajando mucho.

Mi nivel de estrés también ha aumentado porque acabo de mudarme a una casa mucho más pequeña, donde no hay muchas de las cosas que les gustan a nuestros hijos. Este último verano los niños han pasado mucho tiempo en mi nuevo piso. Mi suegra ha estado ayudando un poco en los ratos en los que le hubiera tocado a Magdalena. Ella y yo estamos seguros de que nos vamos a divorciar, pero los niños creen que solo estamos viviendo separados durante un tiempo. No les vamos a decir nada hasta que el divorcio esté finalizado y lo que saben por el momento es que papá está probando vivir durante un tiempo en un lugar que está más cerca del trabajo y que Magdalena y yo seguimos siendo amigos.

A los niños parece interesarles sobre todo tener sus comidas favoritas en mi piso, así como quién decide qué programa de tele ver. No parecen molestos por las viviendas separadas. Sin embargo, Carla se está aislando más, está muy enfadada y teniendo rabietas como no lo hacía desde que era mucho más pequeña. Creo que Magdalena y yo estamos simulando ser amigos lo mejor posible y estamos juntos como familia una vez por semana. Pero Carla necesita ayuda para hablar de lo que le está molestando para que se pelee menos y esté menos molesta con el cambio en nuestras vidas. Deseaba que los niños fueran más fáciles de manejar, pero estoy que ya no doy más. ¡Estoy quemado!

¿Y qué pasó en esta historia?

Al hablar con los cuatro niños junto con el padre, los niños decían que estaba todo bien en sus vidas. Decían, en efecto, que sus padres vivían en lugares diferentes porque papá quería vivir más cerca de su trabajo durante un tiempo. Cuando se les preguntó por la rutina, todos parecían inseguros acerca de en casa de quién dormían y sobre cuándo sería la próxima vez que verían a mamá, a papá o a la abuela. Estaban seguros de que habría algún adulto para ocuparse de ellos, pero no sabían quién, cuándo o dónde. Tampoco sabían qué juegos tendrían, cerca de qué amigos estarían o qué había para cenar. Había más comida basura últimamente y menos predictibilidad sobre la hora de dormir.

El padre no se había dado cuenta de que los niños parecían bastante inseguros sobre qué esperar y cuándo esperarlo. Carla estaba particularmente preocupada acerca de los tiempos en que ocurrían las cosas. Decía que le gustaba ver más la tele y quedarse en pijama más tiempo, pero le costaba no saber cuándo volvería a ver a su mamá. Confesaba que le costaba quedarse dormida, en especial, cuando su madre estaba llegando a casa después de que ella se acostara.

Los otros niños decían que les gustaban las golosinas extras y el viaje al parque de atracciones que les habían prometido, pero también decían que papá estaba gruñón y que mamá se sentía cansada cuando estaban con ella. Les gustaba la comida basura, pero echaban de menos el tiempo para jugar con los amigos del barrio. En la primera entrevista, el hermano mayor corrigió a Carla cuando esta exageró un poquito y eso fue motivo para que pelearan. Cuando se les preguntó acerca de las peleas en casa, explicaron que Carla lloraba y pataleaba durante quince o treinta minutos cuando le quitaban algo o cuando se quedaba sin una golosina de premio. El padre comentó que, cuando la oía más calmada, subía a hablar con ella acerca de lo ocurrido. En general Carla se quejaba entonces de alguna cosa que le parecía injusta y ahí él trataba de compensarla, dándole algún privilegio o golosina o simplemente abrazos extras. Su hermano mayor, Pedro, también intentaba funcionar de padre, tratando de implementar las consecuencias de las que el padre se había olvidado; cuando él trataba de hacer cumplir la regla o el límite, Carla se enfadaba mucho.

Al escuchar a los niños, el padre se dio cuenta de lo que *no* había estado funcionando: los sobornaba para mantenerlos flexibles porque Magdalena y él tenían planes muy cambiantes. Esto era una solución que había funcionado en el pasado, que parecía de sentido común, pero no se había dado cuenta de que ya no funcionaba y estaba, de hecho, fallando y haciendo que la situación fuera peor. Carla se fijaba mucho en quién recibía golosinas y quién no, sobre todo cuando los planes cambiaban el mismo día y también cuando el padre intentaba imponer una regla estricta que era diferente de lo que hacía su exmujer en su casa. Decidió que él tenía que hacer algo diferente: ser más predecible. Como consecuencia, iba a tener que sobornarlos menos. También le tocaba a él ser la persona que hacía cumplir las consecuencias, lo cual le dio a Pedro la oportunidad de no tener que hacerlo. En lugar de ser él el malo de la película, el padre le sugirió que fuera a recordarle si se le olvidaba algo. Resultó que, cuando Pedro dejó de tener que fijarse en lo que hacían sus hermanos, le empezó a quedar más tiempo libre. Se aburrió al principio hasta que encontró otras cosas que hacer, como leer más o salir un poco más con sus amigos.

Pero al padre le costó mucho implementar todo esto porque hacer las cosas de manera diferente quería decir que él debía hacer cosas que le eran incómodas. Hizo un horario para las comidas, la hora de acostarse y para la tele que podían ver. Como consecuencia, los niños se quejaron más, sobre todo al principio, pero se peleaban menos y Carla tenía menos rabietas y hablaba más cuando estaba molesta.

Otro cambio que realizó el padre fue pedir ayuda porque ya no se las arreglaba solo. Le pidió a su suegra que le ayudara un par de veces por semana por la mañana, sobre todo cuando los niños no tenían cole, en verano. Habló con su exmujer para que el horario fuera muy claro: durante las vacaciones pasaban el día con él e iban a casa de su madre a dormir. Parte de lo que no funcionaba en el pasado era que ella llegaba tarde porque él estaba en la casa; ahora quedaba claro que ella tenía que llegar a casa antes de que los niños se acostaran para que pudieran verla. A veces aún se quedaban en el piso de su padre algunos días, pero mucho menos que antes, lo cual les daba un mensaje claro a ellos y a él le daba un poco de tiempo a solas.

La *primera lección* clara como consecuencia de la terapia para Carla, pero que en realidad fue para el padre, fue hacer un horario claro y mantenerlo. La *segunda lección*, que le llegó a la madre a través del padre porque ella no podía asistir a la terapia, fue que ella también tenía que mantener el horario lo mejor posible. Cuando vivían juntos, esto no era tan difícil de cumplir, pero los dos habían visto que era importante para los niños.

Por suerte la abuela podía cubrir algunos de los turnos, pero nos aseguramos de que ella formara parte del horario. La *tercera lección* fue reducir los sobornos y eso sí que fue difícil, ya que estaban muy acostumbrados. Al principio los niños se peleaban más sin sobornos para comprar paz o vestirse pronto. Los padres habían estado haciendo esto para que los niños obedecieran, pero ahora estaban aprendiendo el valor de un «no» claro. Con el tiempo y el énfasis en ser predecibles, fue más fácil, en parte porque el padre se sentía culpable por no serlo. Había quedado claro que estaban atrapados en un círculo vicioso: cuanto menos predecible era él, más necesitaba sobornar a los niños y cuanto más esperaban el soborno, menos escuchaban y más había que sobornarlos.

Era importante que para ambos padres ser predecibles fuera una prioridad. De esa forma se hizo más viable poner límites e implementar las consecuencias, aun si a los niños no les gustaba, todos se quejaban por igual ahora. Eso hizo que Carla ya no fuera la única *niña problema*. Esto se aplicaba manteniendo la hora de dormir, haciendo comida más sana, quitándoles los juguetes si no los compartían e insistiendo en que cada niño durmiera en su propia cama, sin pasarse a la cama de uno de los padres, cosa que Carla había empezado a hacer poco tiempo antes.

Cuando se instauraron estas costumbres como la nueva norma, la conversación con la terapeuta se dirigió a hablar de por qué estaban posponiendo hablarles a los niños acerca de su divorcio. Iban a empezar las clases de nuevo y por lo tanto sus amigos y conocidos iban a empezar a hacer preguntas. Además, estaban ya rellenando los papeles y ambos querían empezar a buscar nuevas parejas. Decidieron entonces hablar con los niños para preguntarles cómo veían el tema de los domicilios separados. Seguían sin ver un problema, aunque Pedro estaba más callado. Sí comentaban que tanto su madre como su padre parecían demasiado ocupados para tener tiempo el uno para el otro y que tampoco tenían tiempo para ellos. En terapia se trabajó para entender los beneficios de decirles a los niños que la separación era temporal, en lugar de decirles la verdad: que era permanente. La ventaja principal era posponer el dolor que les causarían al hablar del divorcio. Pensaban que estarían perturbados, tristes, enfadados o asustados si les decían que no vivirían nunca más juntos como familia. Se habló entonces de qué pasaría si sintieran esas cosas, llegando a descubrir que estaban preocupados porque se portarían peor, peleándose más, gritando y negándose más a hacer sus tareas en casa. Todo eso sería un problema para ellos. Al decirlo en voz alta, se puede decir que se puso el tema sobre la mesa y pudieron verlo de una manera diferente: a pesar de que se sentían culpables por causarles estos sentimientos a sus hijos, quedaba claro que no estaban siendo buenos padres actuando desde la culpa. Se dieron cuenta de que ambos estaban haciéndolo lo mejor posible ahora. Estaban siendo más consistentes: estaban listos para dejar de engañarlos y afrontar lo que sucediera con más honestidad. Para estar mejor preparados, los siguientes temas importantes fueron cómo manejar el enfado o el dolor de sus hijos ya que quedaba claro que los niños sabían demasiado bien cómo utilizar (manipular, controlar) los sentimientos de culpa de los padres. No es que lo hicieran a propósito, sino que ellos también son humanos: si podemos lograr lo que queremos a corto plazo, por qué no intentarlo, y si funciona, ¡hagámoslo aún más! A largo plazo la estrategia no les servía, pero a corto plazo lograban más golosinas, más tiempo frente a la tele o más comida basura.

Por lo tanto, al padre le quedaba claro que tenía que practicar y mejorar su habilidad de ser aparentemente más duro y decir que «no» claramente, pero sin perder la paciencia o enfadarse, diciendo cosas como «Sí, entiendo que no te guste tener que acostarte ahora mismo, lo siento» o «Es realmente una pena que no podamos parar a comprar comida basura» o «Te oigo cuando dices que no quieres tener que ir a casa de mamá hoy, pero toca» o «Sé que esto no te gusta y, si quieres chillar, está bien. Si, en vez de eso, quieres un abrazo o hablarlo, me avisas. Aquí estaré». Con la práctica esto se hizo más fácil. Además, el hecho de poder anticipar que los niños iban a quejarse le ayudaba a tener un plan de acción. Por supuesto, tenía que confiar en que la madre haría lo mismo y con la misma consistencia. Ayudaba también recordarse que, a la larga, los padres no necesitan ser los mejores amigos de sus hijos, sino que son los que están a cargo de educarlos. Y, sobre todo, recordar que algunas veces lo haría mejor que otras, pero que la relación con sus hijos era lo suficientemente sólida como para resistir sin romperse. Aprendió que, cuanto más lograba mantener el límite claro, los niños lo ponían menos a prueba. Carla aún se enfadaba más que los otros, pero se le pasaba más rápido que antes. Notar estos cambios era muy importante para él, para poder enseñárselos a ella. Se dio cuenta de que su naturaleza era más protestona que la de los otros; el hecho de ver las cosas de esa manera —en lugar de considerar que Carla estaba más dañada o dolida que los demás— lo ayudó a dejarla más tranquila, a darle más espacio para que aprendiera a recuperarse sola porque esa era una destreza que los niños tenían que desarrollar. Le hacía saber que veía su enfado, que estaba bien que estuviera enfadada, pero que, igualmente, no cedería ante sus demandas. *También se aprende desde la frustración*.

Durante la terapia, el padre también aprendió a ver más allá del mal comportamiento que estaba ocurriendo ante sus ojos y comenzó a *mirar el contexto en el que ocurría el problema*. Esto le permitió no solo ayudar a su hija que se especializaba en rabietas muy fuertes, sino que lo hizo sentir a él más seguro y esto ayudó a los otros niños a pelearse menos porque les quedaba claro cuánto iban a lograr de él. Mirar el contexto también le ayudó a ver el comportamiento de los niños como temporal y necesitado de contención, y no de flexibilidad o castigo, que era lo que había estado haciendo anteriormente, con malos resultados. De todas formas, ¡a veces la tentación era grande! Se dio cuenta de que, cuanto más claro y específico era con las reglas y la rutina en la casa, al tiempo que les hacía saber que se daba cuenta de que no les gustaba, pero manteniéndolas igualmente, más paz reinaba a su alrededor. Esto lo hacía mejor padre porque actuaba de manera predecible y, si bien los niños lo empujaban en algunas áreas (qué programa de la tele querían ver o qué querían cenar), él se sentía seguro de cuál era el límite y, por lo tanto, se sentía menos estresado y podía responder de manera más calmada cuando discutían. Esto hacía que fueran a hablarle a él, en lugar de poner al hermano mayor en la posición de juez.

El mayor impacto, sin embargo, se observó entre los progenitores. Se comprometieron a proteger a sus hijos durante el proceso de divorcio. Una manera de implementar esto fue que, en lugar de posponer lo inevitable, se sentaran a negociar el mejor horario para ellos. Lo principal era que los niños durmieran en el mismo sitio, cenaran más o menos en el mismo sitio, y que la abuela ayudara a intervalos predecibles para que los niños supieran a qué atenerse. Los padres hasta estuvieron de acuerdo en hacerse socios de un par de museos para que los niños tuvieran salidas e interacciones positivas fuera de casa.

El proceso, que había empezado para detener las rabietas de su hija, se convirtió en un entrenamiento para marcar límites claros con los niños, comunicándose con ellos para mantener las reglas y escuchándolos sin ceder ante sus demandas. Esto también le ayudó al padre a tener límites más claros con su exmujer, quitándose ellos del medio para enfocarse en las necesidades de los niños. Todo esto ayudó a que el padre se sintiera menos agobiado.

Lo más importante que aprendió el padre es que, si bien es importante conocer la flexibilidad, cuando había muchos cambios en sus vidas era importante tener alternativas. Les enseñó a los niños mediante acciones, en lugar de hablarles acerca de las reglas, y con su exmujer se comprometieron a un horario y a normas que serían iguales en ambos hogares. Posponer lo inevitable y ser padre desde la culpa tampoco era útil porque, en ese caso, él cedía ante demandas, era inconsistente con las reglas hacia los niños, dependiendo de lo que le convenía, y entonces les compraba regalos extras o les daba golosinas. Eligió ser un padre más fidedigno, más consistente y desde un lugar más claro. Al ayudar a sus niños a saber qué esperar, estos estarían menos asustados y enfadados. Con el hijo mayor sobre todo se trabajó para que le quedara claro que él no era la autoridad; cuando él intentaba «ayudar» a su padre, este le recordaba que era *su* tarea hacer cumplir las reglas en su casa.

Cuando se terminó el proceso de terapia, los progenitores todavía no se habían puesto de acuerdo sobre cuándo hablarían con los niños, pero dejaron de decirles que su padre se mudaría de nuevo a casa y les dijeron que les hablarían de sus planes pronto (una vez que ellos tuvieran más claros los detalles sobre el divorcio). Como ambos les dijeron lo mismo, a los niños les quedaba claro que mamá y papá vivirían separados durante un tiempo. Ahora no tienen tantas rabietas como antes cuando están tristes o enfadados. El padre comentó en la despedida: «Estoy haciendo lo que me corresponde como padre, para ellos y para nuestra familia. Me queda claro que, si bien este es un momento difícil para nuestra familia, porque hay muchas dudas, el decidir qué clase de padre quería ser y predecir las situaciones que serían duras me ayudó a hacer un plan de acción y aferrarme a él lo suficiente para que todo el mundo se beneficiara».

El proceso le permitió dar un paso atrás y ver el contexto del problema que ocurría. Los arrebatos de Carla lo llevaron a prestar atención a lo que sí funcionaba y a lo que no funcionaba en su rol de padre. Pudo ver que dejarse llevar por la corriente tenía un coste muy alto en un momento de mucho cambio familiar. De hecho, su flexibilidad se había convertido en una complejidad más que los niños tenían que dilucidar. Ser predecible les era más útil. Esto es cierto para la mayoría de los niños y adolescentes, especialmente cuando se encuentran en medio de muchos cambios, cosa que sucede, a decir verdad, la mayor parte de la vida. Es beneficioso tener consecuencias claras para que los niños tengan menos posibilidades de presionar. Esto a su vez hizo que discutieran menos y estuvieran todos menos estresados. Lo más interesante es que el padre no tenía planes de realizar todos estos cambios, pero una vez que empezó el proceso fue como una cadena de dominó: una vez que ocurrió el primer cambio, lo demás quedó más claro, más *en el foco*. Ahora tendrá que seguir haciendo ajustes. El trabajo de un padre no se termina nunca.

3. Cuanto más la obligo, peor nos sentimos las dos

Margarita Irazusta

María, mi hija, ya no quiere ir al colegio y las noches se han vuelto una tortura. A principios de año le diagnosticaron depresión y entonces empezaron las noches de crisis de llanto. Tres años antes le habían diagnosticado también un problema endocrinológico que hacía que no creciera y que tuviera, aparentemente, un problema de sobrepeso. Mi hija no lo estaba pasando bien y me daba mucha lástima, con lo cual también era difícil para mí saber cómo ayudarla. Tengo cuarenta y cinco años, me separé del padre de María hace años y he criado sola a mi hija y a su hermano mayor, Sergio.

A raíz de este problema endocrinológico que afecta el aspecto físico de María, empezaron las burlas de sus compañeros de clase. María sufrió mucha discriminación en el colegio y tenía solo una amiga con la que compartía su tristeza.

Últimamente, las crisis de no ir al colegio se habían convertido en una gran carga para mí. A pesar de los llantos, yo la obligaba a ir igualmente al colegio; pero luego María me llamaba desde el colegio para contarme lo mal que se sentía y me pedía que fuera a buscarla. Me decía que no podía concentrarse, que no podía respirar y me suplicaba que la dejase quedarse en casa, conmigo. Muchas veces María lograba que fuera a buscarla, de modo que las ausencias en el colegio fueron aumentando y, como consecuencia, empezó a retrasarse en los estudios.

Ya sé que no puede quedarse siempre en casa. Tiene que aprender a hacer frente a estos chicos que la tratan mal. La vida no es fácil. Eso es lo que le digo siempre. Así es como yo sola logré criarlos a ella y a su hermano. ¡Eso sí que no fue fácil!

¿Qué pasaría si dejo de obligarla a ir al colegio? Su futuro está en juego y yo sería realmente una mala madre. Sé que debo obligarla, pero, al mismo tiempo, María me da mucha pena y ya no sé qué hacer con ella.

A principios de este año, el colegio me sugirió que la llevase a visitar a un psiquiatra porque no paraba de llorar, sobre todo por las noches, rogándome no ir al colegio. El psiquiatra nos confirmó el diagnóstico de depresión, que está vinculado al problema hormonal de María, y nos recetó una medicación.

María siempre ha tenido un carácter fuerte, en eso es como su padre. Con mi marido nos separamos hace varios años. María tenía nueve años y con su padre no tenían una buena relación, sobre todo porque él le prometía cosas que nunca cumplía. Nos separamos principalmente por problemas económicos. Fui yo quien se marchó de casa con los dos hijos porque él se negaba a irse. Mi hijo Sergio tampoco se llevaba bien con su padre y siempre me decía que me separase. Unos días antes de la separación, mi hijo y su padre tuvieron una gran pelea, fue entonces cuando tomé la decisión de separarme.

Al principio, su padre me pasaba dinero, luego me las tuve que arreglar sola. Los crie sola. Tengo dos trabajos, soy profesora en una universidad y también estoy en una institución pública.

A lo largo de este año, he llevado a María a dos psicólogos: la primera no le gustó y terminamos no yendo más, y con el segundo, no sabía qué decirle a María cuando ella me preguntaba para qué íbamos. Así que hemos decidido recurrir a la Terapia Breve. Es como nuestra última esperanza.

Cuando empezaron las crisis de llanto, los tres primeros meses pudimos sobrellevarlos bien con los medicamentos que nos dio el psiquiatra, pero luego María empezó a faltar al colegio, se pasaba las noches llorando, venía a mi habitación y me decía que estaba muy deprimida y que no sabía qué le pasaba.

Yo siempre intentaba animarla, recuerdo que le decía que tratara de encontrar algo que le pudiera alegrar el día en el colegio, pero no lograba que se tranquilizara y a veces, ya desesperada y a gritos, la dejaba quedarse en casa, pues sabía que, si la obligaba a ir al colegio, al día siguiente llegarían las llamadas por teléfono. Esas llamadas me hacían sentir muy culpable, así que al día siguiente la dejaba quedarse en casa. Y así estábamos: un día con llamadas desde el colegio y otro día en casa. Agotador y desgastador para las dos.

Estos últimos días son una verdadera tortura para mí. María me dice que quiere desaparecer, grita y dice que nadie la comprende, que está depresiva y que no quiere ir nunca más al colegio. Cuando está en clase se marea y siente que no puede respirar y a veces se queja de dolores de cabeza y de barriga. Ha suspendido siete asignaturas en el primer trimestre, que no creo que vaya a poder recuperar.

Todo ha empeorado recientemente, desde que la directora del colegio no le permitió ir de colonias con toda su clase, como castigo por sus malas notas. Ese día vino llorando a casa y ahora dice que quiere ir a otro colegio, que ya está cansada, que quiere irse a vivir a otro país, lejos y sola.

Lo que a mí me gustaría es que ella pudiera resolver estos problemas, porque la vida es difícil y tiene que aprender a resolver las situaciones difíciles. La vida le dará muchos «no». Creo que María deja de hacer las cosas, ante el mínimo obstáculo; cuando las cosas se complican, ya no quiere saber nada. Estoy cansada de decirle que tiene que luchar más por sus objetivos, que los obstáculos están para poder vencerlos; trato de darle ejemplos de cómo yo pude superar varias dificultades en mi vida, con esfuerzo y sacrificio.

Cuando me llama por las mañanas, estamos un buen rato hablando y esto me está perjudicando en el trabajo. Generalmente le termino diciendo que se lave la cara, que vaya a respirar al patio y que luego vuelva a entrar a clase de nuevo.

Los viernes son los mejores días porque son los días en que regresa del colegio y viene el fin de semana, sin la presión de tener que regresar a la escuela al día siguiente.

Los días en que la dejo quedarse en casa me quedo preocupada también porque se los pasa tumbada, mirando la tele todo el día. Le dejo cosas que hacer, como lavar los platos o dar de comer al perro, pero cuando vuelvo, normalmente, no ha hecho nada de lo que le he pedido. Solo cuando le pregunto qué hizo todo el día y me enfado, ella va y saca al perro, protestando. A Sergio no suelo pedirle que haga las cosas de casa porque él estudia y trabaja, se sacrifica mucho. Es cierto que es un poco desordenado; María suele quejarse diciendo que es injusto que a ella se le exija tanto y a su hermano nada. Siempre le explico que él no puede trabajar en casa porque ya se esfuerza demasiado y no tiene tiempo.

No quiero de ninguna manera que María deje el colegio, siempre he querido que mis hijos estudien y ellos lo saben. Tiene que resolver esta situación porque, además, el año que viene, si consigue empezar el bachillerato, va a ser todavía más difícil.

¿Y qué pasó en esta historia?

Lo primero que se trabajó en esta situación con la joven fue lograr que recuperase un poco la confianza en los psicólogos, pues la había perdido debido a su mala experiencia. Las citamos a ella y a su madre, para enfatizar la muy buena relación que tenían, que las dos hacían muy buen equipo y poseían mucha fuerza juntas.

Decirle a María que tenía mucha razón al no confiar en los psicólogos fue algo que abrió las puertas a la conversación con la adolescente. Siempre es más útil establecer las expectativas de un cambio más bien bajas porque todo el mundo gana: si el psicólogo de turno con María realmente no cumple con sus expectativas, ella no tiene que sentirse mal. Por otro lado, si el psicólogo ayuda en la situación, las expectativas de María habrán sido sobrepasadas y ella puede tener la sensación de haber logrado promover el cambio.

Indagamos un poco aquello que no le había gustado o que no le había parecido útil de los anteriores psicólogos, con el objeto de evitar repetir esas acciones en la medida de lo posible. Dado el énfasis en el aquí y ahora de nuestro modelo terapéutico, eso era poco esperable, pero para el terapeuta breve siempre es importante tener en cuenta qué es lo que otra gente ha intentado hacer previamente y lo que ha sido de sentido común.

En segundo lugar, resaltamos la preocupación de su madre, lo triste que estaba y lo mucho que la quería y se frustraba por no poder ayudarla. Había llevado a su hija a ver a varios profesionales y tal vez la frustración de ambas habría podido ser menor si hubiesen tenido una ayuda para que ambas partes pudieran colaborar de manera más eficaz. Para ello, María debía decidir por sí sola dejar de jugar los mismos juegos que hasta ahora había estado jugando, con la mejor de las intenciones. Es decir, debía decidir no evitar afrontar los obstáculos, sobre todo cuando estos se ponían muy difíciles, por ejemplo, dejar de ir al colegio cuando se sentía muy sobrepasada con los compañeros o con las asignaturas o exámenes.

No obstante, recalcamos que si María quería en algún momento dejar de venir a las sesiones, podíamos seguir trabajando con su madre, para ayudarla a que las cosas cambiasen.

El trabajo en las sesiones era principalmente con Isabel, la madre de María, pero necesitábamos que María también tuviera un poco más de confianza en que esta vez las cosas podían ser diferentes. María decidió asistir a algunas sesiones y reconoció tener problemas, consideró que quizás esta vez una psicóloga podría ayudarla a estar menos triste. Según ella, su tristeza era producto del *bullying* sufrido en el colegio y de la relación con su padre, quien seguía mintiéndole, diciéndoles a ella y a su hermano que iba a ir a visitarlos y luego no aparecía.

Se trabajó con Isabel para que entendiera que, con la mejor de las intenciones, estaba empujando a su hija a ir a la escuela, pero que esto no le estaba siendo útil. Esta estrategia, que hubiera seguido cualquier madre, ya no parecía funcionarle, además de estar causándole un agotamiento a ella y provocando un desgaste en la relación con su hija. Se le explicó que, por tanto, debería hacer algo distinto. Cuando Isabel contestó que ya no sabía qué hacer de manera diferente, pero que le tenía confianza a la psicóloga y que haría lo que se le sugiriera, se le planteó la idea de que, si ella quería que María realmente aprendiera a superar obstáculos, la muchacha primero tendría que aprender a tomar decisiones por sí misma. Isabel se quedó intrigada con esta sugerencia y se le pidió que pensara en la posibilidad de dejar que María decidiera si quería ir al colegio o no. La propuesta era de *no sentido común*, una locura, pero una locura ciertamente opuesta a lo que la madre de María había estado haciendo: insistirle a María para que fuera al colegio.

Como Isabel había dicho, el futuro de su hija estaba en juego, ¿se imaginaba ella llevando a María de la mano a la universidad..., o al trabajo? ¿Qué haría María en el futuro, cuando ella ya no estuviese?

Fue entonces cuando le sugerimos a Isabel que le dijera a su hija algo así como: «María, si mañana no te sientes bien, será mejor que no vayas al colegio y que no te preocupes por hacer las tareas de casa. Cuando yo llegue, aunque esté cansada, me encargaré de limpiar un poco. Creo que te estoy pidiendo demasiado». La madre accedió a intentarlo como experimento para ver si daba resultados más positivos.

Además, a María, quien también había decidido venir a las sesiones, se le dio el mismo mensaje: «Me alegro mucho de que hayas decidido venir. Cuando decidas hacer algo más efectivo por tu vida, aquí estaremos para ayudarte, y entendemos que por ahora no quieras ir al colegio».

Este giro de 180 grados hizo que María se quedara en casa un poco menos triste. No fue al colegio, salvo los viernes, que era cuando le gustaba ir, y entonces los viernes su madre le repetía el siguiente mensaje: «¿Estás segura? ¡Mira que te vas a sentir mal!». Si la adolescente seguía queriendo ir al colegio, la madre preparaba unas pastillas para los malestares: dolores de cabeza o de barriga.

A lo largo de ese curso, María ya no fue más al colegio y en la escuela estuvieron de acuerdo en que, de hecho, era mejor que María volviera el próximo año con más continuidad. Al principio, María se quedó en casa, pero a los pocos días empezó a mandar un mensaje diferente a su madre: «Estoy aburrida», ante lo cual preparamos a Isabel para que siguiera animándola a no hacer absolutamente nada, pues aquello era lo que empezaba a generar pequeños cambios. Al dejar de empujarla y obligarla a ir al colegio, María se había empezado a aburrir en casa y así fue como, a los pocos días, decidió hacer algo con su tiempo libre: «Quiero estudiar un nuevo idioma», dijo.

La terapeuta sugirió a la madre que no se ocupara de buscar el instituto de idiomas y que, en todo caso, le diera el número de teléfono del lugar para que, esta vez, María lo hiciera sola, responsabilizándose de su vida. Así lo hizo. María empezaba a tomar decisiones por sí misma.

Comenzó a estudiar un nuevo idioma y le fue bien. María tenía que recuperar la confianza en sí misma. También decidió no asistir a algunas sesiones, pero Isabel continuó viniendo un tiempo más.

Más adelante, Isabel le contó a la terapeuta que María se había puesto a buscar un colegio nuevo. Había decidido que el estudio era lo que le serviría para poder tener una vida más fácil el día de mañana. Estuvo buscando un colegio que la ayudara con el nuevo idioma que estaba aprendiendo. María tenía metas más claras, y las noches de llanto disminuyeron hasta, con el tiempo, extinguirse.

Hoy María está en un nuevo colegio, esta vez el elegido por ella, considerando las condiciones económicas de su madre y el aprendizaje de un nuevo idioma. Además, para seguir en la línea de no presionarla demasiado, esta vez se trata de un bachillerato con asignaturas menos difíciles. Una vez más, María necesita ganar confianza con sus decisiones y las asignaturas menos difíciles aumentan la probabilidad de que tenga éxito.

Isabel cuenta que las noches son tranquilas y que eso es gracias al trabajo realizado. «Estoy muy agradecida por todo lo que aprendí en las sesiones: que el hecho de empujar a mi hija hacía que ella no pudiera tomar sus propias decisiones y que nuestra relación es tan fuerte que el día de mañana yo habría terminado por llevarla de la mano a su trabajo, cosa que, por supuesto, no era lo que yo quería para mi hija».

Hoy el desafío para los padres y educadores del siglo XXI es enorme y esperamos que el hecho de poder presentar por escrito aquí este aprendizaje ayude un poco a ver las cosas desde otro ángulo.

El ángulo que deseamos mostrar es aquel en el que se tienen en cuenta las creencias, las opiniones, la «realidad» del adolescente, de la hija, del hijo. Por alguna razón, dejamos de escuchar, con la mejor de las intenciones, y pensamos: «Tal vez necesita privacidad». Pues sí, también la necesita; sin embargo, además del espacio, es importante una escucha sin prejuicios. No es fácil, nadie dijo que ser padres sería fácil.

Leer la historia de María e Isabel permite entender de qué manera la imposición y la presión que esta última había estado ejerciendo, irónicamente, hacían que las cosas no cambiasen.

El trabajo para que Isabel lograra ver la realidad desde otro punto de vista, una *reestructuración*, la llevó a empezar a *actuar* de manera diferente. La propuesta de un modo de actuar diferente es aquella de «no sentido común», de no lógica, y que, por lo tanto, suena un tanto loca y a veces da miedo a la persona que tiene que implementarla. En vez de dar el mensaje: «Tienes que ir al colegio», se da el mensaje de «No tienes que ir al colegio necesariamente».

¿Quién en su «sano» juicio propondría algo así? ¿Qué sentido tiene que le niegue a mi hija la educación, siendo esta lo más importante en la vida de un niño? ¡Su futuro está en juego! Piénselo, es muy difícil de hacer, pero justamente dese un tiempo para analizar si lo haría por el futuro de su hijo, como una gran lección para su vida en este momento, porque el día de mañana vendrán tal vez otras cosas aún más importantes, la universidad, el trabajo, un campeonato internacional, y la lista puede seguir.

Vale la pena aclarar que no pretendemos dar recetas para los padres, pues toda intervención es bien planeada y pensada de acuerdo *a cada situación en particular*, a cada adolescente, a cada hijo o hija, porque ellos son únicos, porque somos únicos. Es necesaria una intervención hecha a medida de la persona que sufre.

Esta es, sobre todo, una invitación a los padres a mirar las cosas desde otro lugar y ayudar un poco más en esta tarea. Esto es «ser padres y divertirnos en el intento de educar a nuestros hijos».

4. ¡Ayuda! Mi hijo está siendo acosado por sus amigos

Carmina Asunción Gillmore

Mi hijo Matías tiene quince años y cursa tercero de la ESO. Toda la vida ha sido un alumno destacado, de excelencia académica, buen compañero, y sus profesores lo quieren mucho. Las matemáticas se le dan genial, cada año gana las olimpiadas en su curso y representa al colegio en otros campeonatos. A los diez años se apuntó por primera vez a guitarra como extraescolar y, al final del curso, ¡hasta tocó un dúo con el profesor de música! Matías también es bueno para los deportes, corre como el rayo y trepa todo lo que encuentra a su alrededor: árboles, paredes, rocas…, ¡todo! Además, dibuja y pinta excelentemente. Un año, en la oficina de su padre, hicieron un concurso entre los hijos de todos los funcionarios de las distintas sedes del país, y Matías quedó en segundo lugar. Tanto Patricio, mi marido, como yo creemos que nuestro hijo tiene mucho talento para muchas cosas, algo que siempre nos ha sorprendido, es cierto. Pero también nos ha causado trabajo, ya que tenemos otros dos hijos, Anastasia y Fermín, de trece y diez años respectivamente, y parece que todos los parientes se centran solo en Matías, ya que, inevitablemente, él sobresale en todo lo que aparece por su camino. Hemos tratado, con la mejor intención, de hacer que la familia vea a Matías de manera natural, bajándole un poco el perfil, para «equiparar» los talentos de los tres y que no haya diferencias entre ellos.

En nuestra familia, hay muchas risas y mucha conversación. El padre aporta el sentido del humor y yo las palabras. «¡Muchas!», comentan a veces mis niños. Les hago hablar de sus emociones desde pequeños, de qué les pasa, pues considero que, fortaleciendo el interior de la persona, se avanza mejor en la vida. Patricio, en cambio, es de menos conversaciones serias; va sembrando a su paso las risas y los chistes. Esos dos son los recursos que más hemos desarrollado, haciendo de nuestra familia un grupo en el que se puede hablar abiertamente, abrazarse libremente y quererse mucho. Nosotros conocíamos esta forma de vivir, tranquila, desde hacía años y nos era bastante cómoda..., hasta que Matías cumplió los quince. Nadie está preparado para la adolescencia, nadie sabe cómo la vivirá cada hijo y puede ser un verdadero terremoto en la familia. Matías tenía recursos para apoyarse y, sin embargo, los cambios sucedieron como sucede a esta edad: con los pares, sus amigos, lo que, por supuesto, después repercutió en todos los otros círculos de relaciones y, principalmente, en la familia.

A Matías siempre le ha gustado mucho su colegio. Lo pasaba bien. Tenía un grupo de amigos desde primero de primaria, «los compadres» como decía una de las madres de estos amigos. Desde siempre, Matías invitaba a casa a los del grupo, y viceversa. Celebraban cumpleaños juntos, iban de vacaciones juntos, hacían fiestas..., en fin, había mucha vida social en este círculo. En el colegio, el grupo de Matías se sentaba atrás en el aula, hablaban mucho, «jugaban» rodando por el suelo del pasillo, del patio, en realidad, en todas partes. El fútbol era importantísimo: no había recreo en que no se jugara un partido. Todo marchaba igual, año tras año, hasta que las hormonas empezaron a aparecer. Ya a los trece se empezó a notar que uno de los del grupo se volvía más alto, otro tenía la voz más ronca y otro se enamoraba por completo de cualquier jovencita que se cruzara por su camino. El cambio en la altura trajo cambio en la fuerza muscular, los juegos con golpes ya no eran iguales, los gritos de un lado a otro tampoco, y las maneras en que enfrentaban las situaciones también empezó a ser diferente. Matías, sin embargo, no desarrolló ningún cambio corporal en esos años. Las madres de los amigos alardeaban de ello cuando se juntaban: «¡Mira cómo ha crecido!», «Al mío lo invitaron a una fiesta de una chica de más edad», «Mi Cris está completamente enamorado». Estas frases y otras similares eran habituales entre ellas. En cuanto a mí, este tipo de situaciones todavía no se daban en casa: Matías seguía colgado de los árboles y soñando con geometría avanzada.

A los catorce años, Matías empezó a sentir un «malestar» al que no sabía ponerle palabras. Ese año, el colegio tenía preparada una serie de actividades para «afianzar lazos» y «trabajar los cambios de la adolescencia». Cuando Matías regresaba de esos ejercicios, llegaba muy confundido, con muchas emociones. «Mamá —decía—, no sé qué me pasó, pero en un juego en que había que colocarse más cerca o lejos, según tú sintieras a tus amigos, yo no sabía por qué me sentía lejos de algunos; y cuando me tocaba a mí ser el centro, algunos amigos que yo consideraba cercanos se colocaban lejos». Yo estaba desconcertada, escuchando a mi hijo por primera vez hablar con tristeza de sus compañeros más cercanos. Yo, que siempre tenía palabras, me quedé muda. «Bueno, trata de hablar mañana con ellos y pregúntales qué pasa», atiné a decir.

Ejemplos como este empezaron a suceder más a menudo, y no solo en el vaivén *cercanía-lejanía* de Matías y su grupo. Yo veía con mis propios ojos, cuando me tocaba hacer el turno del colegio, cómo el juego de «golpes» era cada vez más fuerte con los que habían crecido mucho. A Matías, a veces, lo alzaban en el aire con un solo brazo, de lo ligero y pequeño que seguía siendo todavía.

A final de ese año, se realizaría la fiesta de graduación por el final del primer ciclo de la ESO. Los niños debían ir con una pareja y el tema los mantuvo ocupados durante todo el año. Matías, que no pensaba todavía en esto, vivió un verdadero calvario para elegir una pareja. Pero logró encontrar a una jovencita; era amiga de su hermana y se llamaba Luciana. La chica llegó, literalmente, a mover todas las piezas del puzle. A Matías le aparecieron las hormonas y después de la fiesta empezó a salir con ella, empezaron a «juntarse» en casa de amigos a distintas horas de las de siempre, comenzaron las salidas al cine, a la plaza…, solo y por la ciudad.

Para nosotros, todo era un *nuevo escenario*. Se nos desordenaron el día y la noche, de repente tuvimos nuera, vimos en Matías a un joven caballero que llevaba flores a Luciana, que le escribía cartas e incluso le cantaba, con su guitarra a cuestas. Sin embargo, durante el verano, tal como venía sucediendo los años anteriores, y como muchas veces pasa, la libertad, el aire fresco y el mar trajeron nuevas miradas, nuevas conversaciones, nuevos «juegos», lo que hizo que este grupo de amigos entrara en crisis y Luciana quedara en el medio. Matías después de ese verano no quiso saber nada de su grupo y entró en un verdadero laberinto desconocido. Nosotros tratamos de hablar con él, pero las palabras de siempre solo hacían eco. Matías estaba silencioso, quieto, sin motivación y al entrar el curso escolar cumpliría los tan esperados quince.

La primera semana de clases fue un desconcierto brutal para Matías. Vino su cumpleaños, pero él no sabía qué hacer, ni a quién invitar. De pronto aparecieron en su vida las palabras «lealtad», «amistad verdadera», «celos», «competencia», «desgana». Apoyado por nosotros, finalmente invitó solo a quienes sentía cerca…, y NO al grupo de toda la vida. En cuanto esto se supo, un infierno empezó a rodear a Matías: su «mejor» amigo le gritó en pleno patio del colegio, lo perseguía, se sentaba detrás de él para hablarle de Luciana. Matías un día estalló y le dijo: «¡Tú siempre has sido competitivo en todo! Los amigos, las notas y ahora, con Luciana, ha sido la gota que colmó el vaso. Desde ahora, tú por tu camino y yo por el mío». Esto fue una bomba para el otro joven. Lo desconcertó tanto que lo único que supo hacer desde ese día, y durante todo el año, fue molestarlo.

Matías, ese día, llegó demacrado a casa, se enfrascó en su PlayStation y no habló durante tres días. Yo estaba desesperada, quería hablar con él, como siempre, pero Matías respondía: «Mamá, déjame, ¿no ves que estoy deprimido?». No sabía qué hacer: mi niño nunca había estado así, ni había hablado de esa forma. Matías comía poco esos días, le costaba levantarse y no estudiaba nada. Pasaron esos tres días y mi marido y yo nos sentamos a hablar para ver cómo podíamos manejar esto. Necesitábamos ayuda, pues *lo que siempre había funcionado, evidentemente, ahora no lo estaba haciendo*. De esta forma, nos acercamos a un profesional para poder ayudar a nuestro hijo mayor.

Las personas cambian solo cuando tienen un motivo para cambiar

Después de que la madre describiera la situación al experto en interacciones humanas que visitaron, la primera tarea que estos padres recibieron fue muy difícil de asimilar y cumplir, *porque iba en el sentido contrario a lo que ellos «sabían» hacer:* debían solo acompañar a su hijo, estar a su lado, con cariño, *no exigirle* nada *ni indicarle nada*, y cuando él quisiera hablar, hablaría. Sobre todo, para Catalina, la madre, fue un esfuerzo sobrehumano poder hacer esto. Encontraba la indicación rara, incongruente. ¡Una locura! Para ella, la vida entera era conversación. La preocupación de su hijo y, sobre todo, su dolor la superaban. Tuvo que apoyarse mucho en su marido, Patricio, para poder ser fuerte y hacer algo *muy diferente* a lo que estaba acostumbrada desde siempre. Por las noches, cuando los niños estaban acostados, Catalina iba a cada habitación y los acariciaba en la cabeza para darles las buenas noches. Le dolía el corazón y el cuerpo entero que su hijo no le hablara, pero le dolía más no poder hablar *ella* con él, porque tenía sentido lo que le había dicho que probara el profesional que habían visto: hacer algo que era *tan* diferente que parecía una locura intentarlo. Por supuesto, todo esto estaba *afectando a la familia entera*, parecía un circuito negativo que se retroalimentaba solo: la madre preocupada y deambulando por la casa de arriba abajo; el padre, al ver esto, se enfadaba, y los dos hijos pequeños, viendo así a sus padres, no sabían si hablar, callar o qué hacer. Los cuatro abuelos preguntaban, querían saber, opinaban, y cada uno tenía un punto de vista distinto. Y con *la mejor intención*, claro, decían «No importa», «Es normal», «Que se busque otro grupo», «Que lo deje con la novia», y así... En realidad, lo que le estaba sucediendo a Matías era como la primera piedra que cae a un lago tranquilo y, desde ahí, olas y olas van creciendo y abarcando a más y más personas. Todo esto era *más ruido* para Catalina y Patricio. Pero decidieron seguir *la loca idea del profesional*, aun con la presión interna y externa.

Después de tres semanas, una noche, Matías empezó a hablar con su madre, a oscuras, sin rostros que mostrar, sin lágrimas que ver. Entonces, Matías le contó que se había cambiado de sitio en clase, que ahora estaba en primera fila, que había decidido concentrarse en los estudios y que, de verdad, estaba descubriendo algunas asignaturas. Estaba hablando con los profesores, *algo que nunca había hecho antes*, porque siempre se había sentado detrás, con su «grupo», y en clase se dedicaban solo a reír y hablar. Además, se había reconectado con amigos antiguos, que también estaban en primera fila. «Bien —pensó Catalina—, el escenario está cambiando y parece que mi hijo también está mejor». Y de pronto, él le contó que el *bullying* de su ex mejor amigo seguía todos los días, era como una «persecución», y a veces, delante de toda la clase, gritaba «¡Ja, he dejado a Matías llorando ahí fuera!»; en el aula, decía a su espalda, al pasar: «Este cuaderno me lo eligió Luciana»; Matías, en cambio, trataba de ignorarlo. Catalina, tentada por esta apertura y muy preocupada, le preguntó a Matías si podía hablar con el profesor para que interviniera en el tema. «De ninguna manera, mamá, esto es asunto mío», dijo él de inmediato y volviendo a su seriedad de hacía tres semanas. Catalina se sentía con las manos atadas y cada vez más triste y frustrada. Además, se dio cuenta de que había dado *un paso atrás con su hijo*. Cuando ambos padres se encontraron con el profesional que había estado ayudando, irónicamente él se alegró de que hubiera ocurrido de esa manera porque el hecho de volver a tratar de intervenir en la vida de Matías había producido un cambio hacia atrás tan fácil de ver que, sin querer, Catalina había creado una situación de «prueba» para saber, claramente, qué *no* hacer. Por otro lado, a Patricio le parecía que todo esto era normal entre los adolescentes. ¡Tienen quince! Desde su punto de vista, era importante dejar tranquilo a Matías, pero esto también traía discusiones entre ellos. Dejar tranquilo a alguien que realmente lo está pasando mal era sin duda una contradicción. Pero Patricio seguía las instrucciones del especialista y Catalina necesitaba apoyarse en algo, funcionara o no.

Catalina y Patricio veían cómo su hijo iba haciéndose un *nuevo mapa* por el cual transitar, tanto en su colegio, en su aula, como con sus amigos nuevos. Esto fue toda una sorpresa, ya que, al *abrirse* a nuevos lugares y relaciones, pudo sentirse distinto y abrir su mundo de percepciones. La realidad, *su realidad*, podía ser mucho más grande de lo que conocía. Todo esto solo pudo darse porque Catalina y Patricio tuvieron la fuerza, el coraje, de confiar en Matías. Habían sembrado buenas semillas, Matías sabía que podía confiar en su fuerza interna, aunque a veces no lo pareciera.

La ayuda del profesional para los padres fue fundamental en este punto. Les señaló que el tema había *escalado* lo suficiente para que los adultos del colegio tomaran conocimiento. Matías asistió a una de las sesiones y el profesional le dijo: «Has tratado de resolver esto razonablemente, como si tuvieras veintidós años, pero tienes quince. Si quieres pegar y golpear a alguien,

¡hazlo! Eres un adolescente». Matías, sorprendidísimo, no concebía en sus acciones hacer algo así, pero fueron de tal impacto estas palabras, que lo empoderaron de una manera maravillosa: dándole aún más libertad de la que ya le habían dado sus padres.

Matías, dada esta nueva sensación, pudo sentir sus quince años en su plenitud máxima, volvió a hablar y preguntaba todo en clase, levantaba la mano y hablaba de las nuevas asignaturas con los profesores. «Papá —decía en casa—, me he dado cuenta de que me encanta estudiar, aprender, y eso *nunca* antes lo había visto». Patricio, obviamente, respondía con una broma —«Por fin estás estudiando, para algo sirve lo que estoy pagando en ese colegio»—, porque esa es la forma en la que él ha aprendido a vivir en *su propia juventud*. Poco a poco, las conversaciones nocturnas con Catalina se hicieron constantes. Ahí Matías volvió a abrir su corazón y hablaba con su madre como siempre. «Mamá, he descubierto que antes, cuando estaba "con ellos", hacía muchas cosas sin ni siquiera pensarlas. Me decían "Ve a molestar a ese", y yo iba, *porque era lo normal*. Pero no es lo normal. Ahora sé que estaba molestando, igual que ellos, como todavía ellos lo siguen haciendo… No sé cómo podía hacer eso…». Con la toma de conciencia de Matías y su autonomía, y con la instrucción a los padres de *no intervenir*, se dio un *cambio de 180 grados*. Y para sus padres, fue un *comienzo y un descubrimiento* esa latitud también.

La reveladora apertura de Matías mostró a Catalina y a Patricio un nuevo hijo que estaba marcando su identidad, sus gustos, sus preferencias, lo que quería hacer y lo que no: como muchas veces en la vida, a partir de una crisis nace algo nuevo que, cuando se está en medio de la crisis, es difícil de vislumbrar.

Cerrando ya este proceso de acompañamiento profesional, los padres aprendieron que los *cambios beneficiosos* para cualquier miembro de la familia se deben hacer uno a uno, *pequeños*, *simples* —realizables—, y la *suma de ellos* será lo que llevará a la *nueva estabilidad del sistema*. La desesperación de Catalina, al inicio, la nublaba, y quería hacer todo en un segundo, de inmediato. No soportaba ver el sufrimiento de su hijo mayor, para ella era algo desconocido. Y aprendió que cuando los hijos sufren, los padres también, pero de una manera distinta: ya no están llevándolos de la mano como cuando eran pequeños. Fue muy difícil dejar el camino abierto para que su hijo viviera lo que le tocara vivir, aprendiera y, con ello, creciera. Y que además, con esto, también ella, su marido y la familia entera crecieran en experiencia. Un día, ya casi a fin de año, Matías estaba en el coche con su madre, y Catalina volvió a sacar el tema, desde *su* dolor. Matías le dijo: «Mamá, si estás preocupada por mí, no lo estés. Yo ya he superado eso. Ahora estoy bien. No se trata de *sobrevivir* el paso de la lluvia, si no de aprender a *bailar bajo la lluvia*». Desde las cenizas de la crisis, ¡había nacido un poeta!

5. No me gusta nada la novia de mi hijo

Clara Solís y Pedro Vargas Ávalos

Siempre había pensado que mi vida familiar era perfecta. Desde el principio mi relación con mi marido, Enzo, ha sido tal y como siempre la imaginé. Ambos teníamos actividades que nos permitían tener momentos para hacer nuestras cosas y momentos para estar en pareja. Cuando decidimos ser padres, mi embarazo fue muy bien, casi no tuve molestias en los nueve meses. La verdad es que mi familia siempre me apoyó y, cuando mi marido estaba ausente en sus viajes de trabajo, alguna de mis hermanas me acompañaba. Mateo ha sido un niño muy deseado. Para poder cuidarlo dejé mi trabajo como coordinadora de departamento en una editorial y, aunque me ofrecían todas las facilidades para seguir, preferí quedarme en casa para ver crecer a mi Mateo.

Mi marido es ingeniero industrial, tiene un trabajo exitoso en una compañía multinacional. Su trabajo lo lleva a asesorar el proceso de producción en diferentes sedes de todo el país y en el extranjero, y por ello sus viajes son frecuentes y a veces largos. Pero siempre está al tanto de lo que necesitamos Mateo y yo. Una vez, cuando mi hijo apenas llegaba al año, el niño tuvo mucha fiebre y había que buscar cómo ir al médico en mitad de la noche. Mi marido estuvo al tanto desde el inicio y por teléfono gestionó que el seguro nos transportara a una clínica de urgencias y todo se resolvió para bien. Aun cuando Enzo está lejos, sabe cómo hacer para estar con nosotros.

Desde siempre Mateo y yo hemos tenido una muy buena comunicación y siempre me cuenta todo. Cuando empezó a ir a la escuela, le enseñé a desenvolverse, desde vestirse solo hasta tener sus materiales escolares bien cuidados. Y lo hacía desde los cinco años. Siempre ha sido muy obediente y en aquella época me llegó a preocupar un poco porque no solo me obedecía a mí, a veces me contaba cómo las maestras lo mandaban a hacer encargos y lo sacaban de clase para cumplirlos. Eso me enfadó mucho y fui a hablar a su colegio y, aunque lo negaron, después de esa visita Mateo dejó de contarme que lo mandaran a otras aulas para ayudar a otras maestras. ¡Imagínense!

Mateo fue creciendo y siempre obtuvo las mejores notas del curso; cada año era premiado y eso me hacía sentir muy orgullosa como madre. Y sé que él también era muy feliz compartiendo conmigo sus éxitos.

Todo ha cambiado este año. Mi Mateo ha cumplido dieciséis y ha conocido en su colegio a esta niña, Margarita, Marga le dice mi hijo. Yo no tengo nada en contra de que mi hijo tenga amigas o novia, pero esta niña no es exactamente una niña. Para empezar, Marga ya ha sido novia de varios de los chicos de la clase de mi hijo y además mi hijo nunca había tenido novia; lo sé porque él me lo cuenta todo, no tiene nada que ocultarme. De hecho, tengo todas sus claves de las redes sociales y de sus cuentas de correo y, cuando conoció a Marga, leí cosas que ella le escribía y que no eran propias de una niña.

La familia de Marga le da muchas libertades, bueno, se ve que sus padres tienen que ocuparse de su negocio familiar y ella se queda en su casa sola con una niñera y a veces con algún familiar por parte de madre, pero en general parece tener demasiadas libertades para una chica de dieciséis años. Por ejemplo, tiene una tarjeta de crédito con la que gasta lo que quiere cuando sale con mi hijo; también la emplean para moverse por la ciudad usando aplicaciones de transporte. Me parece que no tiene supervisión de un adulto. Eso no me gusta para nada.

Estoy muy preocupada por lo que he estado leyendo en las redes sociales de mi hijo. Marga le está enviando fotos muy inapropiadas, en ropa interior, muy desagradables. Y le dice en los mensajes vulgaridades que no había escuchado nunca. Incluso le cuenta que ya ha tenido experiencia con hombres mayores y que va a enseñarle a ser todo un hombre, ¡a mi Mateo! Estoy desesperada, lo he hablado con mi marido y no entiendo por qué, pero parece que él no ve la gravedad de esta situación. Me molesta muchísimo que Enzo me pida que me calme y que pretenda poner cara de decepción para con Mateo, pero con una sonrisita de pretendido orgullo o algo así. De verdad siento que estoy sola en esta situación y eso no nos había pasado nunca como pareja.

Algo más que me molesta es que Marga se aproveche de mi hijo con juegos en los que le dice que ya no lo va a querer si él no hace o no se comporta de cierta manera, y veo a mi hijo cabizbajo, triste y distraído. Él no es así, normalmente es un niño muy alegre y comunicativo, no tiene problemas en expresar sus emociones y suele ser dulce y noble. Es verdad que la pubertad lo ha cambiado, pero conmigo no deja de ser como siempre ha sido. Así un día está muy contento y con energía para todo y al siguiente parece que se quedara sin pilas, se encierra en su cuarto con la música a todo volumen y no me lo dice, pero cuando sale finalmente para la cena, por sus ojos hinchados, sé que ha llorado. Yo no lo confronto ni le digo que me doy cuenta de eso.

Los mensajes más recientes que Marga le escribió a mi hijo me han dejado muy preocupada, pues ya están haciendo planes para tener un encuentro sexual. Bueno, por lo que he leído, ya se han dado situaciones entre ellos en las que las caricias que se han hecho han subido de tono y me parece entender, pero no estoy segura, o no quiero estar segura, de que ella ya le ha acariciado los genitales, pero sin quitarle la ropa. Y ahora parece que le quiere poner condiciones y, si no accede a lo que le pide, lo va a dejar y se va a ir con otro que sí quiera «tenerla», Dios mío, usa esa forma para referirse a la relación en la que quiere involucrar a mi hijo.

La verdad, estoy desesperada y no puedo dejar de pensar en lo que puede pasar. Le pregunto a Mateo si va a salir a ver a Marga, a dónde van a ir y con quién van a estar. No puedo evitar interrogarlo para sacarle información, pero sin que se dé cuenta de que ya sé más de lo que le pregunto.

Además de todo esto, este mes por primera vez en su vida Mateo suspendió unas asignaturas del colegio; por la confianza que nos tenemos, me lo dijo sin dar rodeos, pero no tuvimos otra opción que castigarlo y retirarle el móvil y la *tablet*. Mateo no sabe que leo todo lo que escribe o le escriben en sus cuentas y la verdad es que nos pareció que quitarle los medios que usa para comunicarse con Marga sería algo bueno.

Por un momento quise creer que eso podría desacelerar las cosas entre ellos, pero al mirar el portal de su red social noté que mi hijo estaba activo y chateando con ella. Pero cómo era posible, si su padre y yo teníamos guardados su móvil y su *tablet*. Y el ordenador que tenemos para él lo supervisa su padre para que no lo utilice más que para sus deberes o trabajos del colegio; de hecho, ese ordenador es de mesa y está en el salón de la casa para evitar que lo use para otras cosas.

Entonces, ¿cómo se conecta? Tiene otro dispositivo y no sabemos de dónde ha salido; creo que se lo ha dado ella o de algún modo se ha hecho de un móvil o algo así. Le enseñé a mi marido que nuestro hijo estaba conectado y él se enfadó tanto que me dijo: «Mateo nos está toreando y no lo voy a permitir». Y estuvo a punto de ir a su cuarto, que ya estaba a oscuras, supuestamente con él dormido, pero lo detuve y le expliqué que no quería que Mateo se diera cuenta de que estaba al tanto de sus redes sociales y cambiara su contraseña y yo perdiera la oportunidad de seguir cuidándolo y revisando lo que le manda Marga.

De hecho, cuando lo castigamos y vimos que de todos modos seguían comunicándose, lo que me preocupó fue que esa niña le dijera a mi Mateo que soy «una bruja que los quiere separar» y que no tiene que explicarme todo lo que hacen juntos. Pues ahora ellos son una pareja que debe guardar su intimidad. Y que le tenía que demostrar su amor guardando en secreto cosas o mintiéndome cuando ella se lo dijera. Cuando leí esto, mi corazón se rompió un poco porque no vi que él la contradijera o que al menos me defendiera de alguna manera. Imagínense que ella ahora le dice que yo, su madre, realmente no entiendo sus necesidades como hombre. ¡Ja!, me hace reír. Bueno, más bien me llena de rabia que pretenda manipular a mi Mateo en contra de mí, pero no dejo de pensar que solo es una niña de dieciséis años y yo debo saber más de la vida como para dejar que sus supuestas estrategias me venzan. Pero lo que he hecho para alejarla no ha funcionado.

En cuanto leí los mensajes en los que Marga le sugería a mi hijo que me mintiera, comencé a decirle a Mateo que ella tal vez no era la mejor novia para él, pues lo hacía sentir triste y a veces enfadado (más de una vez le he hecho notar que me contesta mal o que está decaído o como triste, y él no me lo ha negado). Le puse ejemplos de cómo ella no lo tenía en cuenta y cómo parecía que solo lo utilizaba para sentirse bien ella, sin importarle realmente cómo estuviera él.

Hubiera sido mejor no haberle dicho eso. Él reaccionó muy mal, pasó lo contrario a lo que yo quería: guardó primero un gran silencio y luego, con mucha seguridad, me dijo: «Mamá, tú no entiendes lo que pasa. No sabes muchas cosas y la verdad es que realmente no la conoces, por eso dices eso». Yo me sentí impotente, pues no le podía decir que sabía todo lo que hablaban y que podía darle muchos más ejemplos porque, si lo hacía, él se daría cuenta de que superviso sus cuentas de las redes sociales y seguro que todo sería mucho peor. Casi como si Marga tuviera la razón. Sin embargo, no puedo evitar poner mala cara cada vez que me pide permiso para usar el ordenador o cuando veo que está hablando desde el teléfono fijo de casa, porque estoy segura de que es con ella con quien habla. Cuanto más trato de explicarle que quiero lo mejor para él, que una madre no le va a mentir nunca, más me aparta y se enfada, a veces no me queda más opción que decirle que cuelgue ya, que otra gente puede querer llamar, o que está castigado y no puede hablar más. Entonces él dice: «Si realmente la conocieras, verías que te equivocas, ella no es nada de lo que tú dices». Entonces pierdo el control y solo alzo la voz y lo mando a su habitación o a que haga alguna tarea de la casa.

Sé que tengo que pedir ayuda a algún profesional para que me aconseje alguna forma de hacerle frente a esta situación. Ya no sé qué pensar. ¿Debo permitir que esa niña se aproveche de mi Mateo? ¿Y si le contagia algo a mi hijo? Pues no da la impresión de que a ella le importe cuidarse, no lo sé, estoy muy confundida y angustiada.

¿Cómo termina esta situación?

La señora Antonia nos llamó en ese momento y junto con su marido, Enzo, solicitaron una cita para relatarnos toda esta historia. Desde el principio fue evidente que la relación entre ella y Mateo, su hijo, era muy especial y preciada por la madre. Además de ser el único hijo de la pareja, el vínculo entre madre e hijo había sido extremadamente cercano, patente en su acceso a todos los aspectos de la vida de Mateo. De este modo, cada vez que Antonia se daba cuenta de que su hijo tenía alguna necesidad, ella se adelantaba y cubría esa necesidad antes casi de que este se diera cuenta de que la tenía. Pero eso había dejado de suceder.

Antonia tenía una rutina de mirar los mensajes privados de su hijo, hacer como que no sabía todo lo que él contaba y compartía en sus redes y luego le preguntaba por ello para tener algo que hablar con su hijo; de hecho, en esas ocasiones, comprobaba que él le contaba *todo*. Antonia sentía así que tenía todo bajo control por el bien de su hijo.

Cuando ambos progenitores llegaron a consultarnos, existía cierta tensión entre ellos porque al padre no se lo veía con el mismo nivel de preocupación por lo que pasaba. Más bien se lo veía enfadado porque las notas de su hijo se hubieran resentido y porque este se saltara su autoridad al desobedecer la prohibición de usar dispositivos electrónicos. Antonia se expresaba con mucha preocupación; se le hizo notar cómo se había enganchado en una competencia poco productiva con Marga. Irónicamente, cuanto más se quejaba y le ponía mala cara a Marga, más confirmaba los argumentos que Marga le decía a Mateo («tu madre no me quiere, nos quiere separar, es una bruja»). Antonia no lo había visto así y, de hecho, le costaba mucho trabajo aceptar que estaba *ayudando* a que su hijo se alejara de ella y a que le comenzara a mentir. Desde el punto de vista del sentido común, seguía haciendo ahora lo que había hecho toda la vida, que era lo que hacía que ellos tuvieran una relación tan cercana.

Antonia se mostró un poco contrariada con esta premisa, pues no dejaba de sentir que era una carrera que iba perdiendo y en la que sin percatarse iba ayudando a su oponente. Sin embargo, en ese momento se abrió a preguntar: «¿Entonces qué hago? Estoy confundida: si al rechazar a esta niña y querer convencer a mi Mateo para que *vea* quién es realmente esa oportunista obtengo el resultado contrario, entonces no sé qué hacer». Los profesionales sabíamos que una niña de dieciséis años no podía tener más experiencia y habilidades para las relaciones afectivas que Antonia, pero la preocupación que ella sufría no la dejaba ver ese hecho. En aquel primer encuentro, a Antonia se la ayudó a situarse en el momento vital de Mateo y a ver cómo a los dieciséis años los apetitos de todo tipo se amplifican, pero la duración de esas elecciones es fugaz; de manera natural cambian de humor y entonces vuelve a cambiar todo. La señora reconoció eso y recordó que había inscrito a Mateo en un equipo de baloncesto, pues decía que eso era lo que más deseaba en el mundo: jugar en una liga organizada. Sin embargo, después de un mes le pidió que lo inscribiera en una liga de fútbol, lo que entonces le sorprendió, pero se lo concedió sin problema. Con esta experiencia, se sugirió que era más bien cuestión de no apresurarse en pensar de manera catastrófica sobre el futuro de Mateo, pero que era verdad que había que pensar que, con una sola relación sexual, esa chica podría contagiar a su hijo de algo que no pudiera cambiarse ya en su vida. Es decir, Antonia *tenía* motivos para preocuparse y por eso *ella* tenía que actuar de forma diferente.

La relación entre Marga y Antonia fue otro punto en el que se pensó para poder generar un cambio positivo. En el momento en que la madre aceptó esa posibilidad, se intentó revertir la ventaja que Antonia creía que Marga había conseguido en la relación. Entonces se retomó el tema, que apenas lograba reconocer, de que alejaba a su hijo cada vez que ella le hablaba mal de su novia. A pesar de implementarla con la mejor de las intenciones, era una mala estrategia debido a que, entre muchas otras razones, daba a entender a la niña de dieciséis años que ya había calado a la madre de su Mateo. En un intento de que esta señora lograra ver la situación desde un punto de vista de *no sentido común*, se sugirió que tal vez lo más acertado sería pensar en cómo hacer algo que los novios no esperaran de ella, que les hiciera dudar de lo que ellos creían saber de ella. Al escuchar esta sugerencia, Antonia mostró un gesto de sorpresa agradable y, como hablándose a ella misma, dijo: «Mmmm. ¡Hacer amistad con Marga! A los amigos hay que tenerlos cerca, pero a los enemigos, aún más cerca».

Se le dijo que, efectivamente, tendría que ser algo distinto. Algo que hasta pareciera loco. Podía invitar a Marga a salir con ellos o hasta invitarla a almorzar, como una manera de sorprender a la chica. Además, contradiría lo que Marga le ha dicho a Mateo de que ella era totalmente predecible y aburrida. Todo esto, se añadió, sería una manera de acercarse a Mateo, pero de una forma diferente de lo que había hecho hasta ahora. Antonia se despidió con un gesto decidido y solo dijo: «Sé perfectamente lo que voy a hacer».

En el siguiente encuentro Antonia relató que había ocurrido algo importante. Mateo y Marga se habían peleado. No se estaban viendo como antes y menos aún planeando cuándo sería su encuentro sexual. También relató que, un fin de semana, la madre de Marga la había llamado para invitarlos a una casa de campo que tenía la familia. Lo primero que pensó Antonia era que hablaba de invitar a Mateo, pero en realidad la invitación había sido para los tres: Antonia, Enzo y Mateo. Su primer impulso había sido darle una respuesta negativa, pero luego había recordado lo sugerido por los profesionales y, sin dar más rodeos, le había confirmado su asistencia. Esa sería una oportunidad para hacer algo que Marga no esperara. La casa de campo donde fueron invitados tenía una piscina y los chicos pasaron todo el tiempo nadando, mientras los padres se reunieron alrededor de una mesa para hablar y pasar el tiempo con algunos juegos de mesa. La madre de Marga no parecía estar al tanto de las «hazañas» de su hija. Pero Antonia notó la adoración que tenía por ella y que resultaba impensable que le pudiera hablar mal sobre Marga. Antonia comentó lo siguiente: «Recordé que me dijeron que hiciera algo pequeño para acercarme como gesto de amistad a Marga y se me ocurrió preguntar a su madre si Marga estaría interesada en la cocina, a lo que ella me dijo que le encantaba. Al instante sugerí que Marga viniera conmigo un día a cocinar unos platos típicos de mi familia y a compartirlos en casa con mi marido y Mateo. A la madre de Marga le pareció una muy buena idea y quedamos para un día de la semana siguiente. Al volver a casa, se lo comenté a Mateo y lo vi muy sorprendido, pero como aliviado, porque me dijo: "Ya verás que ella no es nada de lo que piensas"».

Cuando llegó el día, Marga se presentó muy discreta, pero con una cara de incomodidad que no podía ocultar. Se comportó de manera natural y, mientras cocinaban, Antonia le confió a Marga qué comida le encantaba a Mateo y le dijo que sería bonito que ella se la preparara. La cena transcurrió sin otros acontecimientos. Tan pronto como se marchó Marga, Antonia leyó en las redes que efectivamente la muchacha estaba enfadada y había sido impertinente con Mateo. Culpó a Antonia porque la había estado interrogando y haciéndola sentir mal. Antonia estaba ahora más relajada y describía todo esto con tranquilidad. ¿Qué más había notado diferente con lo que había hecho esos días respecto a Mateo y Marga? Había seguido leyendo los mensajes entre ellos y ahora sabía que Mateo invitaba a Marga a su casa y ella se negaba e incluso lo dejaba esperando y no le contestaba durante un buen rato. Antonia dijo que estaba sorprendida con el resultado, pero que sin duda estaba muy contenta con el efecto en Marga, aunque a Mateo lo veía triste y un poco apagado; ella sabía que se trataba de que Marga no le hablaba igual y no seguía con las propuestas y fotos que al principio la habían inquietado tanto.

La situación había cambiado para ella: su hijo estaba menos controlado por Marga. Además, Antonia sabía qué hacer: lo contrario a su sentido común inicial, que, en este caso, era acercarse *al enemigo* con pequeñas cosas que cultivaran su amistad. Si bien estaba un tanto preocupada por Mateo, también le quedaba claro que en un futuro podría aplicar estas mismas estrategias a otras situaciones en el paso de su hijo por la adolescencia. Había sido un proceso de aprendizaje duro para ella porque había tenido que pensar de manera muy diferente a la de antes. Pero se alegraba de tener nuevas herramientas que la ayudarían a largo plazo a tener una relación con su hijo más satisfactoria para ambos.

Una cosa lleva a otra, que a su vez conduce a otra. Si te concentras en hacer la más pequeña, luego la siguiente y así sucesivamente, te encontrarás haciendo grandes cosas habiendo hecho únicamente pequeñas cosas en la acción, pero habiendo cambiado tu forma de ver la realidad.

6. Fuma y sigue meándote, ¡es tu vida!

María Lleras de Frutos

—Soy Montse y vengo porque estoy preocupada por mi hijo Rubén. Es un niño muy responsable y cariñoso, pero lleva un par de años más triste y en particular el último año está siendo muy duro para los dos. Siempre ha sido muy inquieto, nervioso y muy activo, le encanta el deporte. Le cuesta ponerse a estudiar, aunque acaba haciéndolo porque en el fondo es un buen chico. Tiene diecisiete años, es el pequeño, y desde que su padre y yo nos separamos, hace diez años, los tres hermanos están conmigo y algún fin de semana con el padre, pocos, la verdad. Rubén siempre ha estado muy pegado a mí, muy pendiente de mí. Sus hermanos son más suyos, piensan más en ellos. Ahora están en la universidad, así que están poco en casa.

»Sin embargo, desde que Rubén empezó con lo del cannabis ha cambiado todo. No sé desde cuándo fuma, pero yo me di cuenta hace unos meses, el verano pasado, porque venía muy tarde e iba directo a su habitación. Las pocas veces que coincidíamos tenía los ojos rojos y actuaba como avergonzado. Ya estábamos yendo a una psicóloga por el tema de que estaba triste y se lo dije a ella, pero en ese momento no era tan preocupante, la verdad. Después empezó el colegio y dejó de fumar. Seguía triste. También empezó a estar enfadado con todo, aunque conmigo especialmente. A veces es insoportable. Puede tener que ver con la edad, pero ha empezado a gritar, a golpear las puertas y los armarios de su cuarto cuando discute conmigo o con su hermano, que es cuando no está encerrado en su habitación. Me da miedo cuando después de una discusión se va a dar una vuelta, intento no dejarlo, pero suele ser peor. Me da miedo que salga a fumar, que necesite «despejarse» así.

»Volvió a consumir bastante más antes de Navidades, yo lo notaba muy fumado casi cada día, y me preocupé muchísimo. Olía, venía con los ojos casi cerrados y con una sonrisa en la cara que no es la suya, como si yo no lo conociera, aunque él intentara disimular. Por todo eso pido ayuda ahora. Un día Rubén estaba muy triste en casa y empezó a decir que la vida no valía para nada, que no sabía qué sentido tenía. Eso ya lo había dicho alguna que otra vez, pero esta vez dijo que haría algo, que acabaría con todo. Y me asustó, me dio miedo que tuviera esos pensamientos. Pregunté a un amigo de la familia que es psiquiatra y me recomendó ir a un especialista en adicciones en adolescentes, decía que el cannabis podría estar afectando a Rubén. Hablamos con la psicóloga. Al principio Rubén no quería cambiar de sitio, he tenido que convencerlo para venir aquí, pero finalmente ha aceptado.

»Hace unos cuantos meses me llamaron de la policía porque Rubén estaba fumando en la calle y lo habían detenido. Me asusté muchísimo, fui corriendo a buscarlo, mientras llamaba a su padre, que no decía nada útil. Llegué y nos fuimos sin más, pero el susto nos lo llevamos los dos, así que le prohibí que consumiera. Y durante un tiempo lo respetó. Creo que entendió que le podía afectar, y le asustó que lo retuvieran, incluso creo que volvió a ser él durante unas semanas.

»En el colegio nunca han dicho nada: Rubén estudia, va a los entrenos y sale de vez en cuando. He preguntado y me dicen que allí no consume, que no se puede, pero todos sabemos que se hace igualmente. Y en los entrenos también me dicen que todo parece estar bien. Además, a veces sigue teniendo momentos más cariñosos, me abraza y me habla de su novia o del sentido de la vida, de sus preocupaciones… ¡A veces es tan intenso!

»Después del incidente con la policía creo que estuvo dos meses sin consumir, y ahora que ha vuelto a hacerlo está enfadado y también lo está conmigo porque estoy muy encima de él, diciéndole que no consuma, pero no sé cómo ayudarlo. Creo que lo hace de vez en cuando, aunque *todas* las semanas. Siempre que vuelve a casa por la noche, lo miro para ver si tiene los ojos rojos. Huelo y busco entre sus cosas para ver si tiene instrumental o cannabis. Estoy muy pendiente de con quién queda y siempre le pregunto dónde han estado. No discutimos mucho porque casi no nos vemos. A veces, al mediodía, coincidimos un momento en casa, pero comemos a horas diferentes y a la hora de cenar tampoco nos vemos más de una hora, cuando él llega de entrenar y cena, mientras yo me voy a la cama. He intentado hablar con él, que la psicóloga hable con él. Su padre no parece estar preocupado, dice que son cosas de la edad.

»Tengo que decirle que también empezamos a ir a la psicóloga a la que hemos estado viendo desde hace un año porque Rubén se hace pis en la cama mientras duerme. Tiene enuresis nocturna desde siempre. De pequeño le costó controlar las ganas también durante el día. Consiguió controlar los esfínteres del todo durante el día a los diez años. Pero por la noche siempre le ha costado. Ha tenido épocas en que le pasaba a diario, otras le pasaba una vez por semana. Hace un par de años estuvo un tiempo sin tener ningún episodio. Estuvo más de un año así. Pero a los dieciséis volvió a tener episodios. Y esta vez más fuertes, porque al principio hasta se le escapó alguna vez durante el día. Siempre le ha avergonzado muchísimo. Como le digo, nunca ha dormido fuera de casa, ni invitado a nadie hasta este año.

»Yo quiero ayudarlo porque creo que todo esto está relacionado: está triste porque no puede ir a casa de sus amigos a pasar la noche porque le da vergüenza hacerse pis, creo que en esos momentos se siente aislado, y entonces, quizá para sentirse mejor, fuma cannabis. Al menos, eso es lo que dijo la otra psicóloga. Hemos ido a centros infantiles, a médicos, psicólogos, hemos intentado aparatos, ir a la cama sin beber a veces desde casi el mediodía, ir al baño justo antes de dormir, lo de los premios, dormir menos horas. En fin, de todo, pero nada parece funcionar. Algunas cosas han funcionado durante un tiempo, pero siempre vuelve. Lo que suele funcionar es despertarlo en medio de la noche para ir al baño, pero cuesta muchísimo despertarlo. Es como si no escuchara, le pasa lo mismo por las mañanas con el despertador. Por eso las alarmas por la noche tampoco funcionan.

»Por eso cuando volvió a pasarle hace un año empezamos a ir a la psicóloga, ya tenía dieciséis, es un adolescente y estaba empezando a afectarle. Ella ha estado viendo a mi hijo semanalmente, a veces él solo, a veces entraba yo también, pero muy pocas. Desde que empezó a ir se hace completamente responsable de la limpieza de la cama y deja las sábanas en el cesto de la ropa. Cuando se levanta, sé antes por su cara que por el cesto si esa noche ha pasado algo. Desde hace unos meses la enuresis está un poco más controlada, pero sé que le preocupa igual. Le pasa dos veces al mes o así, aunque aún no se atreve a hacer muchas cosas fuera de casa. Por ejemplo, en Navidad, cuando le ofrecieron irse con un amigo y sus padres a esquiar unos días, prefirió no ir por si le pasaba. Aunque lleva de todo, va preparado con sus calzoncillos absorbentes, sus toallas y ropa de recambio. A veces lleva hasta las sábanas, pues durante este año las ha necesitado.

»Por eso estamos aquí. A mí me preocupa que fume y cómo le afecta, y si puede estar relacionado con la enuresis. No sabemos qué más hacer. Necesitamos ayuda.

A continuación la profesional hace entrar a Rubén. Es un joven alto y apuesto, como de anuncio, se le nota tímido y no sabe en qué silla sentarse. Decide hacerlo en la que está más lejana.

Rubén cuenta:

—He venido porque mi madre piensa que fumo mucho. Creo que está exagerando. Sí que ha habido semanas que me he pasado un poco, pero era verano, estaba trabajando en la tienda y después salía un rato con mis amigos. No hay nada de malo en eso. Trabajo desde los quince años en la tienda de un amigo de mi padre. Es de motos y me encanta estar allí, pero el horario es un rollo. Trabajo todas las tardes de verano hasta las 21:00, así que hago más vida por la noche, con los amigos o con los videojuegos. Ahora más con los videojuegos, porque en verano sí quedamos, pero en invierno no he salido mucho. En invierno es colegio, entreno y casa. Los fines de semana partidos y quedamos por la tarde, pero cuando no tenemos dónde ir es un peñazo, acabamos en el parque fumando con el frío.

»Seguro que mi madre te ha contado lo de la policía. Fue mala suerte, yo llevaba lo de todos, así que me llevaron a la comisaría. ¡Vaya susto se llevó mi madre! Ahora fumo menos, solo los fines de semana. Hubo un tiempo en que fumaba después de entrenar o me fumaba el *porro de buenas noches*, pero fumar me estaba afectando al rendimiento, así que he reducido. Me afectaba el tabaco, no la marihuana. Los fines de semana sí que fumo, entre todos nos fumamos una buena cantidad. A veces demasiado.

»Me da pereza volver a contar todo otra vez, yo ya estaba con una psicóloga. Empezamos bien. Fui allí por la enuresis. Me hago pis por la noche. No todas. Hubo un tiempo en que sí, de más pequeño, pero ahora no. Con ella hablaba y me ayudaba con eso. Mi madre apuntaba en un calendario los días en que se presentaba un episodio, pero desde hace tiempo lo apunto yo. Con la psicóloga mirábamos qué había pasado esos días. No lo controlo, sigo sin controlarlo. Pero me pasa menos, una o dos veces al mes, o así. Cuando tengo que ir de campeonato lo paso fatal, pero ahora me llevo de todo. Una vez tuve que buscar un colchón en un apartamento, menos mal que era enorme y tenía habitaciones vacías. Solo he ido tres veces, me encantaría volver, pero no sé si me atreveré. Tampoco he dormido nunca con Laura. Llevamos siete meses y no hemos dormido nunca juntos. Ya no sé qué decirle, se lo tengo que contar, pero me da vergüenza, me muero de vergüenza.

»También, antes de ir a la anterior psicóloga, hemos intentado muchas otras cosas. Probamos la máquina esa que pita, pero no funciona porque no me despierto. Tampoco me sirve el despertador, me tiene que levantar mi madre. Me pasa igual en la siesta, como me duerma…, me da igual lo que pase alrededor. También intentamos evitar el estrés por la noche, o no salir, no beber desde el mediodía. Esa me mata, tengo tanta sed cuando me voy a dormir que me cuesta dormir. Pero tampoco funciona. También he intentado controlarlo con el cannabis. He intentado *fumar mucho* antes de dormir o *no fumar* durante ese día para ver si era por eso que volvía a pasarme. Lo de probar a irme muy fumado a la cama no lo mejora, pero, mira, tampoco lo empeora. Estuve unos meses fumando todas las noches y me pasaba igual. Dormir menos tampoco funciona, pero despertarme para mear en medio de la noche sí. Así suele funcionar, una o dos veces no ha funcionado. Pero me tiene que despertar mi madre, y no quiero que lo haga. No va a estar pendiente de esto siempre, no puede estar despertándome para que mee porque soy incapaz de despertarme solo a vaciar la vejiga… ¡Cuando a veces no está ni llena!

¿Y qué pasó en esta historia?

A Rubén le costaba hablar en la primera entrevista, a pesar de estar acostumbrado a hablar con diferentes profesionales. A pesar de la imagen y la pose de joven adulto, era un adolescente tímido, al que le costaba hablar, guardaba silencio constantemente, preocupado por lo que se podría pensar de él, cómo se le podría ayudar o *si* se le podría ayudar. Parecía tener pocas esperanzas. El cambio de terapeuta, al que él se había negado inicialmente, había hecho que viniera la primera vez enfadado. Esto dificultó la relación inicial, ya que el primer encuentro se basó en hacerle entender que el interés estaba en ayudarle en lo que a él más le preocupara, a pesar de estar la terapia enmarcada en un servicio de atención a las adicciones. Él se mostraba abiertamente interesado en trabajar para frenar la enuresis, y eso fue lo que se hizo, dejando el cannabis sobre la mesa sin que fuera un tema tabú, pero con la misma importancia que el resto de los sucesos de su vida, que eran muchos. Estaba en una relación con Laura, sus notas en el colegio eran correctas ya que le costaba estudiar pero acababa recuperando y, además, confiaba más o menos en sus amigos, en uno o dos más que en otros. Sus padres estaban encima de él, especialmente su madre, que lo había sobreprotegido. Para agregar algo más a la lista de preocupaciones de Rubén, su interés en dedicarse profesionalmente al deporte estaba siendo frustrado por un descenso en el rendimiento, lo que hacía que estuviera más encerrado, triste, preocupado e irritable. Estaba interesado en muchas otras cosas apropiadas para su edad: los amigos, las motos, los viajes, tener dinero, etc. Pero muchas de esas cosas se veían entorpecidas de alguna manera por la enuresis, como la relación con Laura, los campeonatos, las salidas con amigos… A partir de esta primera toma de confianza se pudo trabajar en su principal preocupación durante los siguientes encuentros.

Montse y Rubén habían probado muchísimas cosas aparentemente diferentes para evitar o controlar los episodios de enuresis. Todas ellas de sentido común, orientadas a parar la conducta que crea el problema: mearse encima. Aparatos para despertar a Rubén en medio de la noche por si sucedía el episodio, dormir con la vejiga lo más vacía posible, premiar si no sucedía el episodio, castigar o reforzar negativamente cuando este ocurría, evitar situaciones que lo provocaran. Todas las soluciones enviaban el mensaje «No debes mearte». Sin embargo, es curioso que la única solución que «solía funcionar», como Rubén y su madre apuntaron, despertarle en medio de la noche para ir al baño, se basaba en una premisa muy diferente: mear. Los mensajes que más se repetían hacia Rubén en la familia eran básicamente «No mees» y «No fumes». Cabía pensar entonces que, si se le daban herramientas a Rubén para controlar *una* de estas situaciones, se le estaría dando herramientas para que él solo pudiera controlar la otra y *muchas otras* que quisiera en el futuro.

Dado que Rubén claramente quería cambiar su enuresis, se le propuso en el segundo encuentro realizar un experimento, un juego. Una acción, *menos de sentido común*, pero en esencia diferente a lo probado hasta el momento. Rubén debía mearse **adrede** en la cama al acostarse, antes de dormir, obligándose a realizar el ritual de limpieza completo *antes* de volver a dormir. Y ver qué pasaba y, sobre todo, anotarlo. No se sabía cómo reaccionaría su cuerpo, no había podido preverlo hasta ahora y este experimento no tenía el objetivo de hacerlo, solo de probar algo diferente. Al planearlo, hubo muchas risas porque Rubén tenía muy buen sentido del humor. Mientras se hablaba, Rubén parecía excitado ante la posibilidad de lograr un cambio real, pero también nervioso porque no sabía si sería capaz. Se acordó que durante el próximo mes lo provocaría cuatro veces, una por semana. Era más frecuente que la frecuencia actual de la enuresis, pero era bastante realista teniendo en cuenta su historial. Que Rubén considerara esta acción, que parece bastante drástica (además sin hacer partícipe a su madre), solo hablaba de la desesperación que sentía por controlar algo que le resultaba problemático.

A la siguiente sesión, Rubén acudió sonriente, tranquilo y solo. Comentó que había seguido las pautas a medias, que solo había provocado el episodio en *una* ocasión, el resto de las semanas había pensado en mearse durante un rato, sin llegar a conseguirlo, por lo que no había cambiado las sábanas. Sin embargo, no había tenido ningún episodio de enuresis desde el provocado la primera semana, ninguno espontáneo durante todo el mes. Era muy raro para él, aunque no era la primera vez, así que se decidió que había que volver a probar el experimento. Debido a las modificaciones en las pautas de Rubén y la apariencia de éxito, él quería mantener el «pensamiento» en vez de provocar realmente la conducta, y se llegó a un punto medio, entre risas, de provocarlo dos veces al mes y las otras dos semanas pensarlo, pero realizar el ritual de limpieza igualmente.

Rubén continuó ajustando las pautas durante los siguientes cinco meses, en los que las reuniones continuaron mensualmente. Lo interesante es que planteaba siempre la solución alternativa como opción y esto posiblemente le daba suficiente control sobre su vida y no hacía ya falta empujarlo en una dirección que no era la suya: Rubén tenía el control. No había sufrimiento cuando se meaba, más bien asco, pereza, pero también control, una nueva oportunidad de experimentar. Durante esos primeros meses tuvo menos de un episodio de enuresis al mes. Se redujo la frecuencia de la enuresis y la preocupación de Rubén al respecto. En cambio, se entretenía buscando nuevas formas de experimentar, por ejemplo, intentarlo sin tener que mearse encima o mearse encima solo si sucedía un episodio no planeado durante la noche anterior o pensarlo durante una semana seguida y la siguiente pensar en no hacerlo o pensar y hacer el ritual o no hacerlo, etc. Como había progreso en el área que a Rubén le interesaba, se pudieron trabajar otros problemas que estaban presentes en su vida. Llegó a presentar un incidente cada tres meses, a veces algo más a menudo, pero sin preocupación nocturna asociada. Durante el tiempo que pasaba entre episodios, Rubén no sufría por las noches ante la posibilidad de que se diera un incidente. Algunas veces se acordaba más y lo pensaba con más insistencia, intentando en ocasiones provocarlo sin mucho éxito o provocándolo cuando sí ocurría la noche anterior, algo que justificaba a modo de «mantenimiento» en sus pautas.

El cannabis había sido, como descubrió más tarde, una estrategia para olvidar un poco aquella sensación de impotencia que le invadía cuando se acercaba la noche, pero también una forma de rebeldía contra su madre por estar demasiado involucrada. Rubén veía su consumo de cannabis como una forma de desfogarse que a ella le preocupaba, no la enfadaba, lo cual le facilitaba algo la relación con la madre, pero lo perjudicaba a él en su vida personal. También era una estrategia contra la soledad. Rubén era un adolescente muy nervioso e inatento, pero muy responsable; por lo tanto, se esforzaba por ser organizado, sin el reconocimiento de su madre por sus esfuerzos. No tener control sobre la enuresis era doloroso, sin embargo, también había empezado a tener miedo al descontrol que le suponía el consumo de cannabis, ya que en muchas ocasiones le había perjudicado el rendimiento deportivo. No haber descansado lo suficiente antes de un día importante o fumar antes de un entreno eran situaciones que se daban también cada vez menos. Al principio del proceso, Montse asistía a los encuentros, pero su presencia fue reduciéndose según se instalaba el cambio en la vida de Rubén. Era importante ayudarle a gestionar sus propias dificultades en relación con los avances de Rubén. Le costaba trabajo dejar de preocuparse y tenerle confianza a su hijo, pero consiguió darle la responsabilidad a Rubén de sus propios problemas, siendo un apoyo cuando él la necesitara. La condición para involucrarse era sencillamente que él tenía que pedir ayuda de manera explícita. Era simple, pero sin el cannabis o la enuresis como temas de conversación en los escasos momentos que compartían, podían hablar de Laura o compartir las preocupaciones más existenciales.

El proceso que comenzó por la preocupación de Montse por el cannabis de Rubén le permitió dar un paso atrás para poder verlo desde otra óptica, más positiva, ayudándole a observar a su hijo de manera diferente, viendo la responsabilidad adquirida y la capacidad de implicación que Rubén estaba adquiriendo en lo que respectaba a sus problemas. En algún momento Montse pudo empezar a relajarse y a reducir su sobreprotección y cada vez encontraba menos formas de preocuparse, algo que notó también Rubén. El consumo de cannabis continuó de manera intermitente; el rendimiento deportivo pasó a ser la preocupación principal y el principal esfuerzo de Rubén, quien pidió ayuda a su madre para realizar entrenos privados en un centro específico, que en ocasiones incluían salidas de fin de semana: la enuresis ya no lo limitaba. Además quedaba claro que cuanto más ocupado estaba Rubén menos tiempo tenía para consumir.

La enuresis se mantuvo, de forma trimestral o cuatrimestralmente, más allá de que el proceso finalizara, porque ya no era necesario. Ambos estaban de acuerdo en que la intervención había reducido el problema lo suficiente como para potenciar otros cambios en la actitud y forma de afrontar la situación global para Rubén, ofreciendo posibilidades *menos de sentido común* y desbloqueando una situación de prolongado sufrimiento. Los cambios rápidos no son duraderos; sin embargo, el cambio para siempre sucede con altibajos.

7. ¡Estudia o te irá mal el resto de tu vida!

Karin Schlanger

—Me he puesto en contacto con usted porque es mi última esperanza —dijo Pedro cuando llegó a la oficina—. ¡Ya no sé qué hacer con mi hija! Daniela acaba de cumplir dieciséis años y ¡hoy hace dos semanas que se niega rotundamente a ir al colegio! Desde principio de año que pierde muchas clases porque dice que no puede levantarse por la mañana. Cuando, al final, consigue salir de la cama, llora y se queja tanto, que nos retrasa al resto de la familia. Mi mujer Sonia y yo hemos tenido que reorganizarnos. Nos hemos dividido la tarea de llevar a sus dos hermanos menores, Gustavo, de trece, y Pablo, de seis, a sus respectivos colegios y, por lo tanto, cuando volvemos, es tan tarde que Daniela se ha vuelto a acostar. Duerme entonces hasta las doce del mediodía y luego juega con la consola el resto de la jornada. No hace los deberes del colegio porque no tiene a quién llamar para pedirlos y a la noche, cuando trato de hablar con ella, terminamos gritándonos y dice que al día siguiente se va a levantar e ir a la escuela. A veces lo cumplía, hace algún tiempo, pero en las últimas dos semanas ni lo ha intentado: se da media vuelta en la cama y le dice a su madre que no va a ir al colegio. Ya no sé qué hacer. No atiende a razones. A pesar de que vivimos en un barrio en el cual los colegios públicos son excelentes, hemos elegido un colegio privado que nos queda a cuarenta y cinco minutos de casa porque ese colegio es de mayor rigor académico. Es un colegio famoso porque los que terminan el bachillerato allí entran después a las mejores universidades y eso es lo único que yo quiero para Daniela. Es una niña muy inteligente que, hasta ahora, casi no ha tenido que estudiar para sacar las mejores notas, pero ahora se está encontrando con que tiene que trabajar un poco más para conseguir los mismos resultados y yo, sinceramente, creo que simplemente no tiene ganas.

»Sonia y yo somos muy diferentes. Ella ve a Daniela como si tuviera alguna enfermedad grave y entonces le cuesta pedirle que se porte mejor. Si le digo algo a Daniela, Sonia me grita y me trata mal. Le hablo a Sonia también y trato de hacerle entender las cosas, pero no logro comunicarme con ella y terminamos peleando. De hecho, hace unos cinco años nos peleamos tanto que ella llamó a la policía, pero cuando llegó la policía a casa, yo expliqué que Sonia me había pegado y se la llevaron esposada, delante de nuestros hijos. Ella no me lo perdona, no estoy seguro de por qué, pero creo que es porque ella llamó a la policía y, al final, se la llevaron a ella. Soy abogado de formación y sé cómo hablar con la gente. Además, más recientemente, Sonia descubrió que yo tenía una aventura con otra mujer. Me llevé mal…, luego Sonia lo entendió…, pero eso fue ya hace más de un año. Ahora de verdad quiero que nuestra relación funcione bien, pero ella no me da ninguna opción: me trata con distancia, casi no me habla y dormimos en cuartos separados.

»Deje que le cuente un poquito más: Sonia nació en España, pero sus padres son de Ecuador. Son bastante católicos, pero su padre es alcohólico y ella y su hermana vivieron momentos muy difíciles en su infancia. Quiero ahorrarle todo eso a Daniela y a mis hijos, pero con Daniela su madre tiene una relación muy cercana.

»Me crie con unos padres que no tenían nada, pero a mí me gustaba estudiar. Logré pasar la educación secundaria y fui a la universidad, donde estudié derecho. Ahora me dedico a bienes e inmuebles, que es menos estresante. Ah…, soy judío y en mi casa celebramos las fiestas judías y mis tres hijos tienen una educación religiosa. Sonia ha aceptado esto desde el principio, pero este año, por ejemplo, ha decidido que quiere ir a visitar a sus padres para Navidad y llevarse a los hijos: no sé qué le pasa por la cabeza, pero si esa promesa hace que Daniela vuelva a ir al colegio, no me importa.

»He ido a hablar al colegio y allí me dan mensajes muy contradictorios: por un lado, dicen que Daniela tiene que asistir a todas sus clases, terminar todos sus trabajos atrasados y hacer los exámenes finales, que son en estos días. A Daniela, en cambio, le han dicho otra cosa: tiene que asistir al 80 % de sus clases y le harán un horario especial para que haga los finales, que se extenderán quizás hasta febrero, mientras que todos sus compañeros tienen que terminar para mediados de diciembre. Quiero traerle a Daniela para que usted hable con ella; a ver si la convence de que haga lo que tiene que hacer, que es por su bien.

Así presenta Pedro la situación en la primera sesión. Se lo ve muy nervioso, preocupado y desesperado por ayudar a su hija de la única manera que puede: hablándole y hablándole otra vez y, cuando su hija sigue sin hacer lo que debe, termina gritándole, exasperado.

Es en este momento cuando «entra en juego» Sonia. Ella da su versión de los acontecimientos: Daniela está deprimida, pero, antes de que Sonia pueda ayudar a su hija, necesita buscar ayuda para sí misma porque está muy furiosa con Pedro. Relata el mismo acontecimiento de la llamada a la policía y comenta un par de incidentes más, en los cuales, según ella, Pedro le ha faltado el respeto.

—¡Siempre hay que hacer las cosas como él quiere! Y si uno no tiene ganas, se pone a gritar mucho y de malas maneras. Yo quiero ayudar a Daniela, pero ya verá que ambas sufrimos en manos de Pedro. Me preocupan mis hijos porque pasan mucho tiempo con él. Los lleva a hacer deporte todo el tiempo y estoy segura de que cuando están con él les habla mal de mí. Y bueno, por lo menos son niños en lugar de niñas… No hay nada que yo pueda hacer. Es verdad que Daniela necesita esforzarse más en sus estudios, pero la pobre tiene que defenderse de su padre, que la ataca verbalmente todo el día. Yo, cuando puedo, intervengo y le grito a Pedro y entonces él la deja en paz.

»Además, Pedro es el único que puede ayudarla con los estudios, pero Daniela nunca se lo pide porque *siempre* terminan a gritos. No hay manera: ¡Pedro nunca va a cambiar! Es lo que siempre le digo a Daniela. Él y yo ya intentamos hacer terapia de pareja un par de veces y, cuando estábamos con la psicóloga, él estaba muy «suavecito», pero después nunca hace lo que promete. Es muy agresivo y trata de ponerse a nuestros hijos de su lado. Pero ellos saben cuál es la realidad, sobre todo Daniela, que se enfrenta con él.

Finalmente, está la versión de la realidad desde el punto de vista de Daniela:

—Mi padre es un monstruo: grita mucho, habla demasiado, no escucha y siempre hay que hacer las cosas como él quiere. Mi pobre madre ya no sabe qué hacer con él, pero yo con ella me llevo bien: la acompaño a hacer compras, vamos de un lado a otro. A mí me gusta mucho más cuando ella me despierta por la mañana, pero en general viene mi padre, que casi me arranca de la cama. También casi siempre le toca a ella llevar a mi hermano al colegio, así que conmigo casi no viene. El solo hecho de que hayan venido aquí juntos me da un poquito más de esperanza, y si tengo esperanza no estaré tan deprimida. Por otro lado, lo que me pasa es que, para los dos, esta cuestión con el colegio es muy el fin del mundo, cuando en realidad..., ¡bueno! Es solo el colegio, ¿no? Si voy a un colegio o al otro..., los dos son buenos, pero para ellos es muy importante que pueda quedarme en el colegio en el que estoy.

¿Y qué hicimos en esta situación?

Es fácil ver desde fuera que en esta familia hay muchas fuerzas contrapuestas y que estos padres, con la mejor de las intenciones, están paralizando a Daniela. Sonia está muy enfadada con Pedro por lo del arresto de hace un tiempo y por muchos otros males que, según ella, él le ha causado. Irónicamente, desde una posición de «yo soy víctima» tiene mucho poder sobre Pedro, que se siente culpable, pero no tiene las herramientas para sentarse a escucharla y mover su relación en una dirección más positiva. En cuanto Sonia empieza a hablar, Pedro se defiende, grita, se justifica, lo cual hace que Sonia pueda sentarse tranquilamente y señalarlo, con una sonrisa de Mona Lisa en la cara que dice, sin decirlo: «Ya ves con lo que tengo que lidiar».

Cuanto más hace eso ella, más se enfurece Pedro y así están ambos atrapados en esta danza en la cual todos los miembros de la familia pierden.

Daniela dice que se siente mal por su madre porque Pedro es muy intenso. ¿Tiene Daniela conciencia de que, al quedarse en casa y no poder ir a la escuela, está salvando a su madre? ¿Y que cuanto más Daniela la salva, menos tiene que hacer su madre para decidir salir por sí misma de esta danza que le está costando la salud mental? Seguramente esa no es su intención, pero cada persona desempeña su papel en este drama.

El cambio se comenzó trabajando con Pedro, quien fue el primero en pedir ayuda: en lugar de tratar de levantar a Daniela todos los días, debía pedirle a Sonia que lo hiciera. En parte, porque era lo que Daniela expresamente había pedido, pero además porque era muy posible que Sonia también fracasara en el intento, lográndose tres objetivos hacia el cambio de la situación: 1) Sonia ya no podría decir que ella lo hacía mejor que Pedro; 2) Pedro no tendría que comenzar su día peleándose con Daniela, y 3) Daniela debería ver por sí misma que Pedro no es el ogro de la familia.

En efecto, lo que ocurrió a continuación es que Daniela y Sonia tuvieron una pelea que hizo que Sonia decidiera que la interventora no estaba lo suficientemente *de su lado* y no le daba suficiente apoyo en su acusación a Pedro.

Daniela, por otro lado, explicó que estaba sorprendida porque, durante la pelea con su madre, Pedro había estado bastante ausente, permitiéndole a ella decirle algunas cosas a su madre que siempre había querido decirle pero hasta entonces no se había animado. «Si tanto sufres con papá, déjalo. Podrías ir a vivir a otro lado y estar tranquila. Si quisieras, yo podría irme a vivir contigo, pero yo no puedo tomar esas decisiones por ti».

Lo que queda en evidencia es que hay una brecha en la relación entre Sonia y Daniela, pero que cuanto más grita y argumenta Pedro, involuntariamente, la está tapando. Es decir que el trabajo que hay que realizar es, por un lado, empoderar a Daniela para que tome decisiones por sí misma, en lugar de ser la muleta de su madre; luego hay que aclarar la posición de Sonia, quien, también «al ser víctima» involuntariamente, se pone en una posición de mucho poder dentro de la familia. Y, finalmente, animar a Pedro a cambiar su forma incendiaria de comunicación tanto con Sonia como con Daniela.

Por otro lado, la psicóloga del colegio también estaba cansada de recibir largas llamadas telefónicas por parte de Pedro, llamadas que, desde su punto de vista, no conducían a nada porque él nunca implementaba las sugerencias de la psicóloga.

Daniela, por su parte, confiesa que va a ver a la psicóloga del colegio como una forma de salir de clase cuando está demasiado agobiada, ya que está allí sin entender nada y, a la vez, sin animarse a participar porque ha perdido muchas clases. Por tanto, siente que es culpa suya y que le toca trabajar más duro para ponerse al día. Cada día se promete que lo hará cuando llegue a casa, pero su voluntad flaquea y se pone a jugar a los videojuegos para relajarse —cosa que Sonia permite porque «la pobrecilla está muy estresada» y triste— y entonces empieza a hacer los deberes a las diez de la noche cuando ya está cansada, no logra concentrarse, se acuesta muy tarde y el circuito se repite al día siguiente.

Con respecto a Gustavo y Pablo, Daniela dice llevarse muy bien con Pablo, pero sus padres nunca la han dejado quedarse a cargo del pequeño porque no la quieren cargar con ese trabajo. Esta es, una vez más, una forma en la cual los padres le dan el mensaje de: «*Eres débil*, te queremos proteger porque lo único que importa en este momento en tu vida es que rindas académicamente». Gustavo, observando los problemas que está teniendo Daniela en el colegio, ha empezado a quejarse de tener que ir al colegio cuando a su hermana no la obligan a hacerlo. Gustavo y Daniela no se llevan demasiado bien, pero a Daniela le queda claro que está siendo un mal ejemplo para él. Ella se siente mal, pero no lo suficiente como para actuar de manera diferente.

A Daniela le interesa aprender a hacer películas y tiene un proyecto en grupo en el cual no solo ha de filmar, sino también ha de editar una película que podrá ser enviada a estudios de cine para un concurso. Es lo único que la motiva en este momento para ir al colegio, pero sus padres le han dicho que no puede ir a esa clase porque es optativa y poco importante.

Queda claro que la *solución de sentido común* en esta situación gira en torno a decirle a Daniela que debe estudiar, que tener estudios es importante y que si no estudia fracasará en la vida. Se le añade el factor económico, que le pesa a la familia: «Estamos haciendo el sacrificio de pagar un colegio privado de gran rigor académico y estás desperdiciando la oportunidad: eres egoísta». Pedro hace esto de manera muy directa, a menudo gritándole múltiples veces al día, ya que aprovecha cuando la lleva al colegio por la mañana y el camino es de entre treinta y cuarenta y cinco minutos. Dado que Pedro se considera músico, Daniela ha intentado ponerle música que a ella le gusta para lograr evitar las conversaciones, ya que pedirle de manera abierta a su padre que detenga su discurso no le ha funcionado. Pedro entonces le critica la música que ella escucha —electrónica—, diciendo que no es música. Daniela siente que no hay nada que ella pueda hacer para que su padre la entienda, para tener una conversación franca y abierta con él, con lo cual se pone los cascos, escucha música y trata de ahogar el discurso inútil de su padre. Ambos llegan al colegio de Daniela muy frustrados.

Sonia también tiene sus discursos. Ella le dice a Daniela que entiende que esté deprimida con el padre que le tocó y entiende que le cueste estudiar, pero que, en cualquier caso, igualmente tiene que hacerlo. Le ofrece sobornos si estudia, como comprarle más juegos para la consola, aunque para hacerlo necesita que Pedro lo consienta ya que él es quien maneja la economía familiar y, por supuesto, no aprueba los juegos con los que su hija disfruta.

¿Cuál es una solución diferente a la que ya ha intentado aplicar la familia, con la mejor de sus intenciones? Hay muchas formas posibles de intervenir en esta familia, muchas de las cuales tendrán como resultado que Daniela *pueda* volver al colegio, seguir sus estudios y todavía ser una adolescente. Por ejemplo, se podría promover un cambio en cómo se relacionan los padres como pareja para que Daniela no se sienta con la necesidad de tener que estar en la posición de ser la muleta de la madre.

Algo importante que se hizo fue contactar con el colegio, porque ellos eran parte de las soluciones implementadas: al darle más tiempo a Daniela para terminar sus trabajos y exámenes, lo que estaban haciendo era aumentar el problema, ya que le daban un mensaje confuso, en lugar de un límite claro. Otra sugerencia con el colegio fue que, en lugar de hablar acerca de Daniela solamente con Pedro, siempre debían incluir a Sonia para evitar así que ella pudiera sabotear las soluciones, dándole salida a Daniela con la excusa de «Yo no sabía».

Pero el cambio más grande se realizó con Pedro. Después de escuchar durante mucho tiempo sus quejas y preocupaciones, tanto con Daniela como con Gustavo y Pablo, se le explicó que, cuando gritaba, gesticulaba y sermoneaba, lo único que conseguía era que nadie lo escuchara. Esto, que parece tan razonable cuando uno lo mira desde fuera, cogió a Pedro muy por sorpresa cuando lo pusimos sobre la mesa. Su solución fue la de estar menos involucrado con Daniela y estarlo más con Gustavo y Pablo.

Ellos dos pertenecen al equipo de fútbol local: hasta ese momento Pedro mandaba a sus hijos con otros padres a los torneos, para poder quedarse y estar disponible por si Daniela decidía hacer los deberes y necesitaba de su ayuda. Explicamos a Pedro que Daniela necesitaba aprender a pedir ayuda si la precisaba y que haría falta planear cómo iba a funcionar ese cambio con las demás actividades de la familia, en lugar de dar por sentado que encontraría siempre a su padre cada vez que ella quisiera, sin tener que ocuparse de las necesidades de los demás.

De hecho, el que Pedro estuviera disponible, si bien conseguía que Daniela hiciera sus deberes, a largo plazo no le enseñaba ciertas destrezas de la vida: la organización y la empatía.

También se le dijo a Pedro que en el camino hacia el colegio tenía que estar sin abrir la boca y si, por casualidad, Daniela decía algo —cosa que ocurrió al tercer día—, debía decirle que no la había escuchado porque estaba preocupado, pensando en asuntos del trabajo.

A Pedro le gustaba cocinar, con lo cual se le pidió que se ocupara más de la cocina, como una forma de no estar tan pendiente de Daniela. También se le recomendó que se acostara alrededor de las 23:00 como ejemplo para Daniela sobre la importancia de dormir las horas necesarias. Debía decirle que había tomado esta decisión y que, si ella necesitaba ayuda, debía pedírsela durante la cena para que todos tuvieran tiempo de hacer lo que necesitaban. Gustavo también necesitaba ayuda con los deberes.

Como consecuencia, Daniela volvió al colegio la semana siguiente. Negoció con sus profesores fechas para entregar sus trabajos y terminó con sus exámenes con notas bastante decentes, considerando que había perdido dos semanas de colegio.

Estuvo estudiando con una compañera de clase en lugar de con su padre y la interacción entre ellos mejoró bastante. Al mismo tiempo, Sonia y Daniela también tuvieron conversaciones más realistas acerca de qué era lo que Daniela necesitaba de su madre.

El cambio que había logrado iniciar Pedro tuvo repercusiones en la comunicación en el resto de la familia. Cierto es que Pedro y Sonia tenían mucho de que hablar todavía, pero había que empezar por poner todas estas cosas encima de la mesa. El mejor resumen lo aportó Daniela: «Ver las cosas desde otro punto de vista me dio esperanzas de que las cosas podían cambiar. Me doy cuenta de que tengo que jugar mi rol para que la comunicación sea más fluida y mis hermanos tendrán que inventarse una manera diferente de rebelarse. Yo ya hice mi parte».

8. Si supieras que le estás dando veneno a tu hija, ¿qué harías?

Gloria Díaz

Soy Cristina, madre de cuatro hijos, tres de ellos varones más la menor, Sandra, que tiene dieciocho años. Yo tengo cincuenta años y en casa vivo con mi esposo y mi hija. Los demás ya se casaron y algunos de ellos me han dado nietos.

Nos mudamos a España buscando una vida mejor para criar a nuestra familia. Les hemos podido dar estudios y una vida más segura. Tanto a su padre como a mí, nos llena de satisfacción todo el esfuerzo invertido. He dedicado mi vida a ellos y su padre ha trabajado mucho para sacarlos adelante. Hemos tratado de inculcar a nuestros hijos el valor del trabajo y de la superación. También el valor familiar de estar juntos y ayudarnos unos a otros. Aunque es difícil porque ahora cada uno hace su vida, me gusta reunir a todos mis hijos en cuanto tengo ocasión.

Vine a pedir ayudar en razón de mi hija Sandra porque en los últimos años me ha estado trayendo problemas. Ella formaba parte del grupo de vóley de su instituto y empezó a salir con Víctor, uno de los líderes del equipo. Llevaban ya dos años como novios; recientemente han terminado su relación, pero siguen en contacto cercano. Víctor ha dejado de estudiar y tampoco está trabajando porque no sabe qué hacer aún con su futuro. Por otro lado, mi niña quiere entrar en la universidad y está haciendo un grado superior para poder acceder a la Facultad de Veterinaria. Además, trabaja dos días cuidando niños y pronto empezará prácticas de lo suyo. Todo el mundo me dice que la deje, que la sobreprotejo mucho, pero yo no puedo. Es mi pequeña y la cuido todo lo que puedo.

Mis preocupaciones se iniciaron ya hace un año cuando le vi unos moretones en el brazo y rasguños en la cara provocados por una discusión con Víctor. En su momento, mi hija le puso una orden de restricción, pero al cabo de unas semanas la retiró porque ya volvían a estar juntos. Este patrón se ha repetido un par de veces más: se enojan, aunque no haya golpes, se separan un tiempo y vuelven a estar juntos. Sandra ha perdido a sus amigos porque ha dedicado su vida a la pareja. Dice que es la única persona que puede ayudarlo porque solo ella sabe cómo calmarlo. Me da miedo, Sandra es responsable y va bien en los estudios, pero cada noche llega a casa tarde y con un olor a marihuana que echa para atrás.

Sufro mucho por ella, mi marido le dice que no debe fumar y se enfada conmigo, pero es que no sabemos qué más hacer. Le digo a mi esposo que no le deje el coche, pero llega el fin de semana y se lo presta. La verdad, no paramos de discutir. De los golpes no sabe nada, tampoco mis hijos. Tengo miedo de decirles porque temo que vayan a hacerle algo a Víctor y acaben en la cárcel.

Vengo desesperada a buscar ayuda porque veo cómo estoy perdiendo a mi hija. Sé que tiene dieciocho años y es más independiente, pero es que no sé nada de la vida que lleva y se ha ido distanciando cada vez más y más de mí. Entra y sale de casa cuando quiere y no dice a qué hora vuelve por la noche, solo se dirige a nosotros con monosílabos. Su padre dice: «¡Parece que vive en un hostal!».

Cuando su padre y yo nos marchamos el fin de semana fuera, Víctor viene a casa y están juntos. Los dos fuman muchísima marihuana y estoy muy desconfiada de lo que pueda pasar. ¿Cómo no me voy a preocupar? ¡Es mi hija! Yo no ceso de enviarle textos y el día que está en casa no quiero salir, para así pasar más tiempo con ella y estar lista por si quiere hablar ese día conmigo. Le digo que vayamos a comer juntas, le preparo el desayuno, le pregunto y hablo, pero nada, no me dice nada. Se mete en su cuarto con el móvil o el ordenador y no tenemos más comunicación.

He tratado de aconsejarle que pida ayuda, pero no quiere. También le digo que no actúa bien, la sermoneo y le reclamo porque no me habla y le insisto en que puede confiar en mí, pero el resultado es en vano. Mis intentos se ven frustrados, mi hija está cada vez más distanciada y mi preocupación es aún mayor; tengo hasta pinchazos en el corazón. ¿Qué debo hacer después de haber intentado todo?

¿Cómo vemos nosotros esta situación?

El caso de Cristina y Sandra es bastante común. Cuántas veces van los hijos con amistades que no les convienen, se gastan su paga en marihuana o, sobre todo, se comunican solo cuando necesitan algo de ustedes.

¿Por dónde empezar?

Desde el primer momento se le dijo a la madre de forma muy directa que el sentido lógico de tratar de hablarle, estar disponible a toda hora y aconsejarla estaba alejando más a su hija Sandra. Desde su buena intención como madre, cuanto más trataba Cristina de acercarse a Sandra, más la estaba alejando. No se daba cuenta de que su solución se había convertido en su problema *porque* estaba aplicando el sentido común.

Por lo tanto, se le dijo lo que sabíamos que era de *no sentido común:* «Me gustaría que pensase en su mascota. Si tuviera un perrito y usted supiera que le da algo de comer que es venenoso: ¿se lo daría igualmente?».

La respuesta por parte de Cristina fue la esperada: un rotundo «¡No!».

A lo cual se le dijo que desgraciadamente el veneno equivalente con Sandra era sermonearla, decirle, explicarle, estar encima o sacrificarse por estar con ella, porque Sandra ya lo sabía. La relación con Víctor terminaría únicamente cuando Sandra, y solo Sandra, lo decidiera.

Era Sandra la única que podía decidir con quién estar, ahora que ya era mayor de edad. Por otro lado, Sandra había demostrado que, cuando tomaba una decisión por sí sola, hacía las cosas bien.

Si Cristina seguía haciendo y diciendo lo mismo a su hija, todos seguirían sufriendo. Sin embargo, había una forma diferente de ver la realidad, algo que Cristina, en el momento de desesperación, no lograba ver: si ella dejaba de darle veneno a Sandra, esta tomaría por sí misma la decisión que la madre sabía que le convenía más: no fumar, dejar a Víctor, etc. Para llegar a eso, Cristina tenía que hacer algo completamente diferente, algo que aún no había probado: dejar de hablarle, no *iniciar* interacciones, pero estar disponible si Sandra lo hacía. Era un paso difícil porque era de *no sentido común*, pero no había nada que perder, llegados a este punto. Había que intentar estas «cosas» difíciles porque tenían buena probabilidad de producir el efecto deseado. Se le explicó a Cristina que cuanto más le hablaba a su hija del mal que le hacía Víctor, Sandra más se sentía con la necesidad de ayudarlo y salvarlo porque, como bien sabía Cristina, ella era buena. Curiosamente, cada una estaba tratando de salvar a alguien. Se daba una situación en que tanto la madre como la hija trataban de salvar a otra persona: la mamá a su hija y la hija a su novio. Era una cadena de salvamento en la que queríamos que la madre pudiera experimentar que lo que creía que ayudaba a su hija, en realidad, iba a peor. Además, en esta cadena ninguna aprendía porque lo que necesitaban hacer era, con mucho miedo, romper huevos para hacer una tortilla. ¿Qué quiere decir esto? Si querían cambios y querían ayudar a otra persona, tenían que actuar de manera diferente. Para Cristina esta acción, lamentablemente, requería seguir sacrificándose, dejando de estar pendiente de Sandra de la manera en que lo había estado haciendo hasta ahora. Además, romper huevos implicaba estar preparada para ir a la policía si Sandra volvía a casa golpeada y decirle a su hija que ya no la iba a cubrir más si volvía a creer que había sufrido violencia. Ese secreto tan pesado y peligroso, que solo ella sabía y guardaba en silencio, debía romperse porque no estaba dando los resultados deseados. Esa cadena de sacrificadas para salvar al otro debía tomar otro rumbo y qué mejor que la madre fuese ejemplo de ello para su hija.

Estas nuevas acciones que Cristina implementó con recelo, desconfianza y su propio estilo, dieron fruto desde el primer momento: se iba de casa sin decirle nada a Sandra y cuando llegaba no le preguntaba siquiera si había comido; tampoco le preparaba el desayuno ni le lavaba y ordenaba la ropa. Para evitar la tentación de estar las dos en casa y preguntarle algo, se ponía a cocinar con la radio. Por increíble que pueda parecer, esa semana Sandra le dio un beso a la madre antes de irse a dormir y se hizo el desayuno mientras la mamá estaba en la cocina —hasta entonces la había evitado—. Cristina también empezó a cuidar niños por las tardes y a hacer unos cursos. Hasta su esposo se quejaba de que ya no estaba en casa, pero las discusiones entre ellos por culpa de Sandra también habían disminuido.

La cuestión resultó. Una vez que la madre dejó de «darle veneno», su hija pareció echarla de menos y acercarse un poco. Cuando el acercamiento lo iniciaba Sandra, todos estaban mejor en casa. Sobre todo, porque dejarla y no decirle nada ayudaba a que Sandra pudiese aprender por ella misma a tomar decisiones.

Por otro lado, respecto a la marihuana, Sandra apenas pagaba sus gastos (solo el seguro del coche y el teléfono) y todo el dinero que ganaba se lo gastaba prácticamente en su vicio. Debía aprender a ser responsable y conocer el valor de las cosas. Cristina y su marido estaban de acuerdo en que, si su hija quería estudiar, ellos le pagaban la escuela, pero si no, que buscase más trabajo las tardes que tenía libre. Se pusieron de acuerdo en que debía pagarse la matrícula de la escuela y le quitaron las llaves del coche por el peligro que podía suponer que condujese bajo los efectos de la marihuana. Más allá de las palabras, la mamá empezó a comunicarse con acciones concretas. Se trabajó poco a poco porque ese era el cambio que duraría en el tiempo. Cristina se esforzó muchísimo y, desde el principio, se enfatizaron las posibilidades de recaída: habría veces en las que Cristina volvería a sermonear porque es lo que le salía bien, aun si ahora sabía que era veneno.

La idea de que Sandra aprendiese a tomar decisiones más correctas y se sintiese más segura para que dejase a su pareja fue un proceso serpenteante en el que la madre sabía perfectamente que, si quería que todo volviese a estar como antes, solo debía empezar a darle «el veneno». La madre aprendió a apoyar a su niña para que se diese cuenta de que sí podía hacerlo y de que sí valía mucho. Como si de una adicción se tratase, Sandra pasó por fases muy complicadas en las que su humor se ponía peor y hubo temporadas en las que no venía a dormir a casa porque estaba con Víctor. Sin embargo, el hecho de que la madre mejorase la relación con su hija era el único hilo que la unía con la parte sana de Sandra, para apoyarla sin perder la fe en que un día dejaría la relación con Víctor.

Además de esta situación familiar tan complicada, los padres también se estaban enfrentando a ese constante proceso de adaptación a las etapas evolutivas de sus hijos. En ese momento, estaban viviendo el llamado «síndrome del nido vacío». Este síndrome supone una mezcla de emociones, debido a que los hijos son una gran fuente de satisfacción y preocupación desde que llegan hasta que se disponen a volar solos y, cuando se marchan, dejan un agujero en el día a día que antes ocupaban. Se aconsejó a los padres que empezasen a buscar actividades conjuntas porque al actuar hay menos tiempo para pensar. En el caso de Cristina, si no ocupaba su tiempo, era fácil que siguiese sobreprotegiendo a su pequeña, y eso significaba que no la estaba ayudando a crecer emocionalmente, a tomar decisiones correctas, a valerse por sí misma.

Durante el transcurso de un cambio real y duradero, habrá subidas y bajadas, dos pasos adelante y uno para atrás. En palabras de Cristina: «Hago avances, pero cuando la veo me derrumbo». No obstante, había una motivación, que era ayudar a su hija, y cuando el desánimo llegaba sabía que no podía volver al «veneno», aunque este pareciese lógico. Cristina, con su comportamiento, estaba salvando a Sandra para que esta sintiera que estaba salvando a Víctor y quizás se diera cuenta de que no podía hacerlo y de que él debía salvarse a sí mismo. Cristina estaba liderando con el ejemplo/las acciones, en lugar de con las palabras, como lo había estado haciendo hasta entonces.

Paralelamente, Sandra iba a la escuela, estaba sacando buenas notas y en los próximos meses se iba a matricular en la universidad para estudiar veterinaria. Como buena madre sobreprotectora, Cristina seguía viendo motivos para preocuparse, como ocurre siempre con los hijos, y se ponía en la peor de las pesadillas. Ese miedo no siempre la dejaba ver los logros que estaba consiguiendo su hija y que ciertamente no estaban ocurriendo con la velocidad que ella deseaba. A su vez, eso provocaba que no le pudiese transmitir el mensaje de satisfacción y alegría que sentía por ella: darle el valor de creer que podía lograrlo. La madre debía seguir esforzándose.

Una pieza movió las otras y Sandra, que ya apenas fumaba marihuana, decidió ir a terapia. Cristina cerró los encuentros terapéuticos contándonos que, como joven que era, Sandra tenía días mejores que otros. «Otros padres eso no lo ven porque sus hijos viven fuera de casa cuando van a la universidad. No me meto, estoy aprendiendo a mirarla y a quedarme callada, si no ella se aleja más. Estoy tranquila porque me he dado cuenta de que si me meto, se retira más y de todas maneras lo va a hacer igual. Yo estoy bien, estoy ocupada todo el día. Y si noto que ella no está bien, salgo de casa y busco algo que hacer. La ventaja de esto es que estoy ganando más euros».

Cristina era una buena madre que quería lo mejor para sus hijos. Ya no servía aquello que se les decía cuando eran pequeños: «Porque lo digo yo». Sentía impotencia y miedo, mucho miedo, al ver que su hija estaba tomando decisiones que podían ponerla en serio peligro. Además, como padres, es normal que nos pongamos en lo peor, nos imaginemos lo más terrible que les puede pasar, ¡y nosotros sin poder protegerlos! En esta tesitura, es lógico que el miedo impida encontrar alternativas, sobre todo si suenan casi como una locura.

Pero cuando surge un problema que no parece tener solución evidente, le conviene al interventor pelear contra el miedo por un momento para entender que, cuanto más pretendo ayudar, más estoy interfiriendo en la solución del problema. Comprender esa dinámica es clave para que la situación tome un nuevo rumbo: darse cuenta de que uno está dando veneno en lugar de medicina. Se hace más fácil vencer el miedo si se toma distancia y se miran las acciones en el contexto en el que ocurren. En el problema que tiene usted, ¿cuál es el veneno?

Cristina aprendió que, aunque creía que ya no podía hacer nada más, que lo había probado todo, *había* algo que podía hacer diferente para ayudar a su familia. Cuando uno conoce los detalles de las situaciones problemáticas, surgen oportunidades para hacer algo diferente.

Uno de los aspectos claves para dar soporte a nuestra protagonista fue que estuviese convencida de que podíamos ayudar a su hija a través de ella. Así funcionan los sistemas, tienen diferentes entradas y salidas; cuando se cambia una conducta de un miembro del sistema, eso influye *sí o sí* en el resto. Cristina vio que tenía que tomar cartas en el asunto. Se dio cuenta de que a través de su comportamiento provocaba cambios en los demás, aun sin contar con el apoyo de nadie de su familia. En sus palabras se resumía así: «Puedo ayudar a mis hijos, actuando diferente; ir a terapia significó hacer de puente para ayudarlos. Como si de un efecto mariposa se tratase, generé cambios en todos los miembros de mi familia».

Para la Terapia Breve de Resolución de Problemas, cuando se empieza a ver cambios, por muy pequeños que sean, estos tienen un valor enorme. Uno debe preguntarse entonces: «¿Qué he hecho diferente para que la situación sea un poco menos terrible?». Es clave dar valor al pequeño cambio para generalizar ese logro a otras áreas, como si de una onda expansiva se tratase. Es entonces cuando uno ya no da tanta dosis de «veneno» y va por mejor camino para solucionar su problema. Por lo menos de a un problema por vez.

Para Cristina, el premio máximo por sus sacrificios para dejar el «veneno» de lado fue que Sandra ese año, para el día de la madre, le envió un mensaje de texto que decía: «Gracias por dejarme ser feliz».

Advertencia

La situación más importante que hubo que tener en cuenta en este caso, dado que Sandra corría el peligro de sufrir violencia, fue la necesidad de acudir a la policía a corto plazo, algo que enfatizamos mucho.

9. La mochila que salvó a nuestra familia

Raquel Maresma Bernal

Nuestra hija Lea tiene diez años y aquí estamos con Miguel, mi marido, pidiendo ayuda. Nuestra sensación de impotencia es ya insufrible y no sabemos qué más intentar para que Lea nos haga caso. Tenemos la sensación de haber probado todo y estamos agotados.

Desde que Lea cumplió cinco años nos es sumamente difícil lograr que nos obedezca en las cosas más cotidianas. De hecho, hubiésemos querido tener más hijos, si no fuera por el desgaste que nos supone educarla.

Mi marido y yo trabajamos ambos en profesiones liberales y como autónomos. Yo soy educadora y colaboro en proyectos municipales con niños en situaciones de riesgo de exclusión y Miguel trabaja como arquitecto en un despacho. Nuestros trabajos nos han permitido pasar mucho tiempo cotidiano con Lea. Yo la llevo al colegio por las mañanas y la recojo al mediodía, para comer juntas tres veces por semana. Miguel está con ella todas las tardes, hasta que yo regreso por la noche.

Lea empezó su escolaridad con tres años, en una escuela cercana a casa. Hasta entonces habíamos optado por cuidarla en nuestro hogar. Dos veces por semana la dejábamos en un espacio de crianza municipal con un grupo reducido de niños. Miguel y yo participábamos en las reuniones mensuales que se organizaban en ese espacio y asistíamos a conferencias sobre temas educativos.

En aquel momento yo tenía unos ideales educativos muy claramente establecidos, en una línea moderna acorde con una educación no represiva, que respeta los ritmos individuales del niño. Tenía un grupo de amigas con las que me veía prácticamente a diario y con quienes compartía esta filosofía de crianza. Estaba muy convencida de mi modo de entender la educación y ahora, pasado el tiempo, creo que, por mi profesión, Miguel confiaba en mi criterio. Él, por su parte, era miembro de la asociación de padres de la escuela de Lea y colaboraba con la asociación en la organización de las actividades extraescolares. Ambos estábamos, de formas diferentes, muy implicados en la vida de nuestra hija.

Aún hoy, como familia, mantenemos encuentros familiares con mis padres y hermanos y también con los abuelos paternos de Lea. Son momentos en los que Lea juega con sus primos y pasa tiempo con sus abuelos. En algunas de estas ocasiones, Miguel y yo aprovechamos estos momentos para dejar a Lea un rato a cargo de nuestros padres y nos vamos a pasear solos. Lo que me frustra es que, a menudo, cuando regresamos de nuestro paseo, a los pocos minutos de llegar, surge algún problema de comportamiento con Lea. Seguidamente, mi madre se me acerca y me dice algo así como: «No puedes imaginar lo bien que se porta Lea cuando no estáis tú y Miguel. Es *otra* niña, pero ha sido entrar vosotros por la puerta y cambiar radicalmente». En esos momentos me siento tan incapaz... No logro entender qué diablos estamos haciendo tan mal, cuando en el colegio, con nuestras familias, con amigos, Lea siempre se porta bien y, en cambio, con nosotros no hay forma de tener un día tranquilo.

Para Miguel y para mí es un problema enorme conseguir que Lea entienda un NO como respuesta y esto ha convertido nuestra vida familiar y de pareja en un sinvivir. *Todo* es un problema: NO puedes comer más porque te hará daño. NO debes vestir con esa camiseta de verano porque hace demasiado frío. NO puedes jugar un rato más con la Play porque es hora de ir a la cama. Etcétera, etcétera, etcétera.

Lea, además, es especialista en hacernos menos caso todavía cuando estamos los tres juntos para pasar un día festivo en familia y en paz. El hecho de planificar una salida de ocio es motivo para que Lea muestre su discordancia eufóricamente, gritando que no quiere ir, a lo que nosotros insistimos en que es algo que ya está decidido. Cuando con suerte, a las dos horas, logramos salir de casa con Lea sin gritar y con el corazón en un puño, es bastante probable que al llegar al destino haya alguna circunstancia que no sea de su agrado y comience una nueva crisis.

Por otro lado, cada una de nuestras *batallas campales* con Lea conlleva subsecuentemente una *batalla de pareja*, en la que, sin comerlo ni beberlo, Miguel y yo entramos en una férrea competencia por demostrar quién de los dos educa mejor a nuestra hija. Así transcurren los días bajo nuestro techo y por eso es que pedimos ayuda en este momento: estamos agotados. Miguel y yo pensamos en separarnos, sentimos una sensación de impotencia enorme y estamos profundamente tristes. Creemos haber probado absolutamente todo lo que está en nuestras manos para que Lea cambie, pero no solo no lo hemos logrado, sino que en ese momento cada uno de nosotros está convencido de que el otro lo hace todo mal con Lea y, por tanto, nos alejamos como pareja cada día un poco más.

¿Y qué pasó en esta familia?

María y Miguel llegaron a terapia como se llega siempre: con una gran sensación de descontrol respecto a sus propias vidas. Ambos habían intentado, cada uno a su estilo, con muchísimo empeño, que Lea cesase de hacer sus rabietas.

Miguel había recurrido más a menudo a castigar a Lea mandándola a su habitación, pero también a la cocina, o incluso al rellano, fuera de la casa. Otras veces, el castigo consistía en quitarle a Lea parte de su tiempo destinado a pasarlo bien, en retirarle sus pertenencias más queridas, como su *tablet*, sus colecciones de cómics o sus blocs de dibujo. En cualquier caso, Miguel trataba de castigar a Lea por su mal comportamiento, en un esfuerzo de que Lea cambiara su actitud. María había agotado toda su energía en intentar *explicar* a Lea, de todas las formas que se le habían ocurrido, cómo debía comportarse. Estas explicaciones eran sermones repetitivos para Lea, que, por supuesto, se había convertido en experta en dejar de escuchar.

Sin darse cuenta, aunque en estilos muy diferentes, tanto Miguel como María le habían estado mandando el mismo mensaje a Lea: «Has de dejar de hacer tus rabietas». Ambos hacían muchísimos esfuerzos, de distintas formas, para que a Lea le llegara este mensaje. Lo habían estado haciendo porque era *de sentido común*. Como pasa a menudo, María, Miguel y Lea se encontraban inmersos en un círculo que se retroalimentaba:

cuanto más ímpetu ponían ellos en que Lea *entrara en razón*, más enérgicas eran sus rabietas. En medio de estos intentos frustrados de solucionar el problema, después de cada castigo o larga conversación con Lea y antes de la siguiente explosión era cuando la pareja entraba en conflicto. Frecuentemente era María quien empezaba: trataba de convencer a Miguel de que no servía de nada castigarla, a lo que Miguel contestaba, reprochándole, que ciertamente tampoco servían sus charlas con Lea.

Visto el patrón desde fuera, la secuencia era la siguiente: María y Miguel se peleaban juntos o individualmente con Lea y luego, absolutamente derrotados, peleaban entre ellos. Ganaba Lea —aparentemente— porque reinaba el caos total y ella lograba lo que quería a corto plazo, pero el circuito volvía a empezar.

Como tantas veces, la terapia empezó con la definición de qué querían Miguel y María: que las rabietas de Lea disminuyeran considerablemente. Una vez establecida esta meta, se enfocó el proceso en lo que habían estado tratando de hacer ambos con la mejor de las intenciones para disminuir/parar las rabietas de Lea. Desde fuera quedaba claro que los dos estaban, con implementaciones diferentes, haciendo lo mismo y que, con ello, estaban manteniendo el problema con Lea y entre ellos. Necesitaban escuchar que, para que hubiera un cambio, era necesario dejar de mandar a Lea, repetidamente y de distintas formas, el mismo mensaje —«Debes dejar de tener rabietas»—, que era el mensaje de sentido común. ¿Qué mensaje podían mandarle a Lea para que le provocara sorpresa o curiosidad? ¿Cómo pasar de soluciones de sentido común que no funcionaban a lograr hacer algo de manera diferente? ¿Qué *acciones* distintas a las que no estaban funcionando podían empezar a hacer los padres de Lea?

Sabíamos que lo que íbamos a pedir a María y a Miguel que hicieran tenía que ser algo nuevo que no habían probado antes y que —esto era lo más importante— iba a ir en la dirección opuesta al mensaje que, como buenos padres, habían mandado a Lea hasta el momento. Algo que llamamos de *no sentido común*.

Sabíamos que sería difícil que estos padres *compraran* o aceptaran nuestra propuesta y que eso requeriría que se sintieran comprendidos, que depositaran en nosotros cierta confianza, que les enfatizáramos el hecho de que el cambio iba a incomodar y que, por tanto, iba a costarles un esfuerzo, pero que tenía buena posibilidad de producir el resultado que tanto deseaban.

Los padres de Lea nos habían contado que fuera de casa su hija no tenía otros problemas. Era una preadolescente que sacaba muy buenas notas, practicaba deporte y era voluntaria en un centro de niños con discapacidad. Su círculo de amistades era el de un grupo de chicas, algunas mayores, muy responsables. En otras palabras, el mundo veía a una Lea diferente que sus padres y teníamos que lograr que sus padres vieran a la misma persona.

Para comenzar el proceso de que Miguel y María pudieran escucharnos, se hizo una reunión individual con María, reunión en la que se construyó un nuevo significado de la situación, que le devolvía a ella la sensación de ser buena madre y, además, la unía a su marido como equipo de padres, en lugar de enfrentarlos: en sus esfuerzos por ayudar a Lea a crecer, le habían dejado poco espacio para seguir siendo una niña. ¿Era eso posible? Luego se hizo una reunión con ambos padres, en la cual la nueva significación de la situación reestableció una sensación de haber hecho las cosas bien. Ahora se les pediría que hicieran lo más difícil: actuar en contra de su propia lógica.

Le pedimos a Miguel que dejara de castigar a Lea por un tiempo y le pedimos a María que detuviera sus largas y concienzudas explicaciones, pero es muy difícil pedirle a la gente que *deje de hacer algo*, sin darles otra cosa que hacer. Es más complejo implementar la orden de «¡Dejen de estar sentados!» que la de «¡Por favor, pónganse de pie!». El cerebro tiende a llenar el vacío de información con lo mismo que ha hecho hasta ahora, corriendo el riesgo de que la persona vuelva al *más de lo mismo*.

Les propusimos que Lea tuviera siempre disponible una mochila con sus pertenencias preferidas (aquellas que Miguel solía retirarle cuando ella parecía enloquecer). Lea tenía que pensar un nombre que le gustara para su mochila y tenía que llevarla siempre encima durante un tiempo. María y Miguel debían permitirle comportarse como una niña pequeña que llora y patalea cada vez que ella sintiera la necesidad de hacerlo, invitándola a entretenerse con sus cosas para pasarlo menos mal.

Las rabietas de Lea pasaron a ser vistas como episodios necesarios para crecer: dejaban de ser algo prohibido para pasar a ser momentos necesarios y los padres iban a facilitar que Lea lo pasara lo menos mal posible mientras duraran, en lugar de castigarla. Si ella lo pasaba menos mal, ellos también lo harían, creando un círculo virtuoso donde antes existía uno vicioso.

Cada vez que Lea no estuviera de acuerdo con lo que sus padres disponían, estos debían invitarla a que sacara su *tablet* o sus cómics de la mochila y, muy lejos de resultar un castigo, tratara de calmarse sola con la ayuda de sus cosas, pasándolo lo mejor que pudiera dentro de su enfado, hasta que se le pasara el disgusto. Estos momentos tenían que pasar también en cualquier lugar público, sin que supusiera ningún problema para nadie. Sus padres se sentarían tranquilamente a esperar y tomar un té, charlando del tiempo, por ejemplo. Así, el mensaje que ambos iban a mandar a Lea sería: «Has de tener tus espacios *para* hacer tus rabietas». Al implementar este cambio, Miguel y María le devolvían el poder a Lea de aprender a controlar sus rabietas ella misma, algo que debía aprender a hacer si iba a funcionar mejor en el mundo.

Como era de esperar, Lea no necesitó usar su mochila demasiado tiempo. En concreto, la usó una sola vez. A partir del segundo día del nuevo funcionamiento, se había interrumpido el círculo vicioso.

Lea empezó a pedir permiso a sus padres para dejar la mochila en casa, tratando de convencerlos de que no la iba a necesitar. Sus padres insistieron un tiempo en la necesidad de llevarla a todas partes, aludiendo a que Lea podía no estar preparada para ser adulta todavía y a que, por lo tanto, había que ser precavidos.

Lógicamente, la reacción de Lea fue progresiva. Los primeros días, después de que sus padres le contaran el plan, su reacción fue de sorpresa para pasar luego a sentirse incómoda al tener el permiso de comportarse mal, algo que, por otro lado, no iba con ella: ella, fuera de casa, era responsable.

María y Miguel empezaron a recuperar la sensación de control sobre sus vidas: volvían a sentirse un equipo y habían recuperado el poder que les correspondía como padres.

Las rabietas de Lea habían pasado de ser vividas como algo privado, que les avergonzaba, a ser públicas y responsabilidad de su hija. Por su parte, Lea poco a poco empezó a dejar de contradecir a sus padres por cualquier cosa, casi como un deporte y ciertamente como una mala costumbre. Las rabietas de Lea habían dejado de tener sentido y, por tanto, desaparecieron poco a poco.

Como es habitual con nuestra forma de trabajar, a estos primeros cambios les sucedieron otros cambios: primero desparecieron las negativas enérgicas de Lea a obedecer a sus padres, pero a ello le siguió la nueva forma de funcionar como pareja que encontraron Miguel y María. Ellos, que habían llegado a terapia al borde de la separación, ahora habían dejado de competir, lo cual los unía como pareja. María se había dado cuenta de que ella se sentía —por su profesión— con más poder de decisión que su marido y que ello no los había ayudado. Miguel era buen padre también y logró demostrarlo cuando María dejó de neutralizar sus opiniones. María nos explicó este cambio más interno en una sesión individual de seguimiento un mes más tarde. El trabajo terapéutico realizado con el problema que tenían con su hija había llevado a María a tener una nueva concepción de Miguel, como alguien con quien contar y en quien apoyarse. María sentía que se había enamorado de nuevo de su marido.

Es habitual que las madres y los padres lleguen a terapia con un sinfín de problemas que resolver. Es así justamente porque, a pesar de tratarse de problemas aparentemente sin conexión, en el fondo todos estos problemas están de un modo u otro relacionados entre ellos porque todos, siempre, vivimos en un contexto al que se deja de mirar cuando hay algo, un problema que consume todo el aire. Lo importante es escuchar cuál es el problema que causa mayor sufrimiento a los padres en el momento de iniciar la consulta.

Imaginemos por un momento a unos padres preocupados por el mal comportamiento que presenta su hijo mayor en el instituto y, a la vez, angustiados por la agresiva relación que este hijo tiene con su hermano, al que no trata demasiado bien, y preocupados al mismo tiempo por el tartamudeo del hermano menor.

¡Da igual por dónde empezar a trabajar! Hay que romper el círculo vicioso en algún lugar, pero es importante comenzar por donde los padres están pidiendo ayuda porque allí está el mayor compromiso de trabajo, con aquellos miembros de la familia que están más motivados para lograr un cambio. Cuando hay problemas con niños y adolescentes, las personas más motivadas y con mayor poder de implementar cambios suelen ser los padres y las madres. A ellos va dedicado este libro.

10. Mientras más lo presiono, más lo alejo

Ignacia Pérez Botto

Tengo que proteger a mi hijo adolescente de sí mismo, pero no sé cómo

Mi nombre es Ana y llegué a Estados Unidos desde Venezuela hace quince años, con mi esposo y mi hijo. Nos fue bien: mi marido trabajaba como arquitecto en una empresa importante y yo me dediqué al área de impuestos. Nos esforzamos —mi marido tenía dinero ahorrado— porque deseábamos pagarle a nuestro hijo escuelas privadas para que pudiera acceder a una mejor educación y para que le costara un poco menos llegar a ser una persona exitosa en esta nueva cultura.

Cuando Carlos tenía siete años, mi esposo fue diagnosticado repentinamente de cáncer terminal y murió a los pocos meses. Quedé devastada, sin el amor de mi vida, con un hijo a cuestas y sola en un país que no era el mío. Pero no podía flaquear porque Carlos me necesitaba, yo necesitaba que la vida siguiera y volver a Venezuela con la situación económica no era una opción. Mi madre vino más seguido para apoyarme y así logré juntar la fuerza para pasar los días, meses y años que vinieron.

Hoy, más de diez años después de que mi esposo muriera, siento que lo tengo superado. Que así es la vida y que, pese a todas las dificultades, logré reponerme y rehacer mi vida. Tengo un buen trabajo y una pareja que no vive con nosotros, pero que me ha brindado seguridad y estabilidad sin interferir en mi vida ni en la de mi hijo.

En cuanto a Carlos, pobre, el proceso de él fue distinto. No dio señales de haber vivido la pérdida hasta que entró en la adolescencia, cuando se puso rebelde, le costó terminar la escuela secundaria, estaba con rabia hacia mí y con mucha tristeza por el recuerdo de su padre. Hoy, ya con dieciocho años, sigue preguntándome detalles de la vida de su padre, de qué le gustaba, de sus amigos. Hasta empezó a colgar fotos de él en su pared. Creo que el hecho de perderlo a los siete años fue tan fuerte que no pudo enfrentarlo hasta más tarde, pero me preocupo porque no veo que aún tenga la madurez necesaria para llevar ni este ni otros temas.

Carlos es un hijo respetuoso y cariñoso. Hemos estado tanto tiempo solos los dos que me protege bastante y se preocupa de que esté bien. Sin embargo, llevamos ya un tiempo peleando porque no se decide a estudiar. Me dice que no sabe lo que le apasiona, que no quiere inscribirse en nada, fuma marihuana con los amigos, pero el problema es que no veo que haga algo útil con su vida. Si no estudia, no va a encontrar un buen trabajo y después de eso quién sabe lo que hará. Eso sí, yo le he puesto límites: en mi casa no se fuma. Odio el olor que deja la marihuana en la casa. Pero, de todos modos, ¡lo que yo quiero es que *estudie*!

Se junta mucho con amigos «peste», como yo los llamo. Le han pegado el vicio de la marihuana y lo tienen siempre fuera de casa, con un comportamiento muy ansioso. Yo le *digo* que son una mala influencia, pero no me escucha. Además le digo que lo usan: como él tiene coche, puede llevarlos de un lado a otro. Pero yo estoy pagando por todo porque creo que está deprimido todavía por lo de su papá. A veces le digo que si no quiere estudiar, que trabaje. Entonces me pide dinero para inscribirse en la escuela y yo me pongo contenta, pero después de ir a un par de clases, deja de ir y volvemos a empezar. Cada tanto le sale algún trabajito, pero tampoco le dura.

Mi principal preocupación con Carlos, más allá de que fume marihuana, de que se junte con amigos «peste» y de que sea inmaduro, es el hecho de que no haga nada con su vida. Veo que los años pasan, que sus primos progresan y son exitosos y veo cómo él se queda atrás y cómo mi familia en Venezuela me juzga por no hacer nada para hacerlo entrar en razón, ¡pero es que ya no sé qué más hacer! Ellos también le hablan un poco sobre esto, pero él se niega a bajar a verlos cuando están de visita porque sabe que a ellos les va mejor y se siente mal. Con la única que se lleva bien es con mi mamá, pero ella también está preocupada por él. Por eso me dio el dato de que en Palo Alto se encontraba el Centro de Terapia Breve, donde, según había leído, ayudaban a familias con situaciones como la mía.

¿Y qué pasó en esta terapia?

Este fue el discurso de Ana desde el principio: los amigos «peste» habían llevado a Carlos por el camino de la marihuana; el muchacho no quería estudiar; cuando llegaban visitas de ella a la casa, no quería salir a compartir y se lo pasaba encerrado en su habitación. La comunicación entre ambos era muy poca y las contadas veces que se encontraban hablaban y terminaban discutiendo porque la madre seguía aprovechando cada oportunidad para decirle a su hijo qué tenía que hacer con su vida. La madre, en ese intento de hacerlo *entrar en razón* y con la mejor de las intenciones, generaba enojo en Carlos, lo que terminaba por hacer que la conexión entre ambos se volviera cada vez más débil y los encuentros cada vez más breves y esporádicos. Ana quería que Carlos estudiara o encontrara trabajo: estaba desesperada por cambiar la situación de su hijo, por lo que era entendible que desde el sentido común le dijera, una y otra vez, que hiciera algo con su vida. Sin embargo, esas acciones no le habían servido para solucionar el problema, sino que, muy por el contrario, habían contribuido a un distanciamiento doloroso entre ambos.

Desde el principio, lo único que quería Ana era traer a su hijo a vernos para que «alguien lo cambie». En nuestra experiencia, *ella* era la más interesada en trabajar para que esta situación cambiara ya que, como tenían una relación muy estrecha, si las acciones de una parte cambiaban, necesariamente tendrían que cambiar las acciones del otro.

En un intento por tener un panorama más completo, se llamó por teléfono a Carlos y se le mencionó que su madre estaba asistiendo a terapia y que era muy importante conocer su punto de vista para poder ayudarla de la mejor manera. Esto generó en Carlos un sentido de cooperación, en lugar de un estado de alerta y defensa; cuando llegó a sesión, estaba muy dispuesto a cooperar *«para ayudar a mi madre a que se relaje»*. Carlos relató lo preocupado que estaba por su madre y la relación deteriorada entre ambos: a él le importaba mucho la opinión de su madre sobre él y esto mismo hacía que él se alejara para no desilusionarla con cada cosa que hacía o dejaba de hacer. Carlos se sentía aislado de su madre y triste por ello, lo cual lo llevaba a estar más paralizado.

En la próxima sesión con Ana se conversó de lo que ella hacía cuando se sentía frustrada por la situación de Carlos y por el hecho de que siempre terminaban por discutir. Ella le daba un sermón de cómo tenía que vivir su vida: «Hijo, tienes que estudiar. No estás haciendo nada productivo», «Esos amigos no te convienen», «En qué vas a terminar», pero también: «Qué bueno que conseguiste un trabajo nuevo, ojalá te dure», con la implicación de que no duraría. Estaba metida en la trampa de esta situación de sentido común, esto es, decir lo que creía que su hijo *debería* hacer, aun cuando el paso del tiempo le demostraba que el hecho de seguir con la misma estrategia una y otra vez no estaba dando los resultados esperados.

La acción que había que sugerir era una de *no sentido común*. ¿Qué acción parecía casi de locura? Para eso, se trabajó con Ana desde un comienzo para entender su forma de ver el mundo y lo cansada que estaba de ayudar a Carlos, sin obtener resultados. Con eso en mente, le pedimos a Ana que comenzara por actuar de una manera más estratégica: podría comenzar por mostrarse desinteresada e incluso pesimista sobre el futuro, dejando de lado el rol de *animadora* que había tenido hasta ahora porque ese mismo rol de animadora era el que la llevaba a frustrarse y a pelearse con él cada vez que veía que no estaba haciendo lo que ella *sabía* que era lo mejor para él. Era casi como animarlo, pero de una manera diferente: con contacto, pero con *palabras* diferentes. Por supuesto, le dijimos a Ana que este giro le iba a resultar muy difícil de realizar. En lugar de animarlo a encontrar trabajo, la conversación tenía que sonar más bien así: «¿Encontraste un trabajo nuevo? Uf, ¿estás seguro de que es una buena idea? Vas a tener menos tiempo para ti mismo» o «No sé si deberías estudiar, me parece que no es buena idea en este momento. Tómate el tiempo de pensar qué te gustaría hacer porque no tiene sentido correr en una dirección para luego darte cuenta de que era la dirección equivocada». Ana debía encontrar las palabras que le cuadraran a ella porque, si bien iba a sonar muy brusco, era solo una forma de que a su hijo se le despertara la curiosidad por este cambio en el discurso de su madre. La idea era que, cuando ya no supiese qué esperar de su madre, Carlos pudiese tomar decisiones propias.

Ana respondió de manera positiva y motivada, ya que la propuesta suponía intentar algo diferente y ver qué ocurría en esta suerte de experimento. De todos modos, ella estaba agotada de las constantes discusiones con su hijo, quien seguía sin estudiar. Además, esas discusiones habían provocado que ambos se alejaran y dejaran de compartir como lo hacían antes. En ese escenario, cualquier mejora de alguno de esos aspectos sería un primer cambio en este proceso, que iba a ser lento y a darse paso a paso.

Durante las semanas siguientes, se siguió trabajando en el cambio en el discurso de Ana frente a su hijo. Ana había agregado su parte propia a la tarea: cada vez que Carlos salía o llegaba tarde, ya no le preguntaba adónde iba ni de dónde venía, sino que se enfocaba en saludarlo, preguntarle si le había ido bien y si ya había comido, si era noche. Se notaba que Carlos estaba algo sorprendido; Ana comenzó entonces a darse cuenta de que ya no iba de inmediato a encerrarse en su cuarto, sino que se quedaban conversando, algo que no había sucedido unas semanas atrás.

A pesar de este cambio en la actitud de Carlos de acercarse más a su madre, Ana seguía haciendo un esfuerzo enorme para no decir lo primero que se le venía a la cabeza, aquello de sentido común, que tan bien se le daba. Sin embargo, contaba que se había convertido en un juego consigo misma, consistente en ver cuánto lo lograba y en qué momentos *patinaba* hacia sus viejas costumbres. Como era previsible, al comienzo a Ana le resultó muy difícil y tuvo que ser muy consciente de lo que decía, pero en el transcurso de las semanas se fue haciendo más habitual. Cuando lo lograba —junto con el acercamiento de Carlos—, se encontraban en la cocina y cocinaban juntos, Carlos bajaba a comer con los adultos y hasta se ofrecía para hacer ciertas labores del hogar que nunca antes había hecho, como limpiar el baño o lavar su coche. Ese fue un ejemplo muy claro de cómo mientras más lo presionaba, él menos respondía.

Unas semanas más tarde, cuando Carlos llegó a contarle a su madre de un trabajo nuevo, ella, en lugar de decirle «Ay, hijo, qué bueno. Ojalá te dure», le dijo: «¿Estás seguro? ¿No será mucha responsabilidad?». Carlos, sorprendido, le dijo que no, que él quería hacerlo. La madre le respondió que si él pensaba eso, estaba bien, pero que no se presionara en exceso.

Una vez que comenzaron a ver algunos cambios, se volvió al tema del dinero, pues, más allá de la actitud crítica y de la presión para que hiciera algo con su vida, Carlos no tenía demasiadas responsabilidades económicas, ya que sabía que, frente a cualquier imprevisto, ahí iba a estar Ana para salvarlo y cubrir la deuda.

Congruentemente, se conversó con Ana sobre cómo la nueva estrategia iría en la misma línea: tratar de presionarlo menos y de ser más comprensiva, *pero* dejar de financiar sus gastos. Para eso, Ana debía seguir con su cambio de no hacerlo confrontando (que hubiera sido más de lo mismo), sino desde una posición de madre que necesitaba ayuda. Cabe recordar, como en muchas de estas situaciones, que a Carlos le importaba el bienestar de su madre, así como poder protegerla. De ese modo, Ana comenzó a excusarse cada vez que Carlos le pedía dinero para salir a comer con sus amigos «peste» o para comprar marihuana, diciéndole: «Ay, hijo, discúlpame, pero he tenido muchos gastos, no tengo para darte». Ante esto Carlos no podía enojarse, ya que no se le estaba confrontando. Carlos dejó de pedir dinero y hasta se preocupó por pagar él mismo una infracción de velocidad, lo que en otro momento hubiera sido automáticamente cubierto por su madre. Este cambio ayudó a que Carlos se motivara aún más para trabajar, ya que necesitaba producir dinero, pagar su gasolina, sus salidas, su marihuana, etc. Fue así como, para sorpresa de Ana, Carlos estaba cada vez más ocupado trabajando, lo que hacía que saliera menos con sus amigos «peste», fumara menos y pasara más tiempo en casa por elección propia. Ana le estaba dando un mensaje positivo a Carlos, él podía ver a su madre más tranquila y, por lo tanto, se generaba la sensación de que esos logros sucedían gracias a su esfuerzo y no al de su madre.

El caso de Carlos y Ana es, sin duda, un caso bastante común para muchas familias: cómo hacer que sus hijos «entren en razón». Muchas veces llevan años intentando que sigan el camino que los padres creen mejor para ellos y los hijos continúan rebelándose y haciendo justamente lo contrario. Esto lleva a constantes enfrentamientos, que muchas veces terminan en amenazas del tipo «No te daré más dinero», «Vas a tener que ayudar en casa», «Si no vives bajo mis reglas te tendrás que ir». Esto genera una espiral de más y más enfrentamientos y una desconexión emocional de los hijos. Los padres, al no cumplir con estas amenazas o al escalar en las peleas, generan mayor sensación de descontrol, tratando de vivir el día a día con hijos con los que rara vez se comunican de manera cercana. Todos los miembros de la familia terminan angustiados, cansados y con la sensación de que nadie avanza en una dirección productiva.

Ana llegó a terapia reconociendo su cansancio y cómo lo que había intentado hacer durante el último tiempo no había dado resultado. Cabe recordar que es más útil actuar desde el no sentido común y comenzar a intentar algo diferente. Es más fácil llegar a hacer algo *muy diferente* cuando los padres están lo suficientemente convencidos de que lo que han estado haciendo no funciona. Para esto, resulta de vital importancia el detenerse y tomarse el tiempo de analizar qué se ha hecho hasta ahora, de qué manera y cómo los padres pueden describir lo que ha ocurrido en cada una de esas situaciones. En otras palabras, sentarse y tomarse el tiempo de pensar en los detalles del día a día, que son los que, en general, nos traen problemas.

Congruentemente con pensar en el detalle, otro elemento clave utilizado en la Terapia Breve es el cambio mínimo. Es decir, dejar de enfocarse en el objetivo mayor como único logro posible y comenzar por desmenuzar esta gran meta en pequeños cambios que, cuando mejoran, harán que la vida en familia sea más fácil. Así fue como Ana logró comenzar con el tema del dinero y de la relación entre ambos como bloques base del problema mayor, pero que construían su frustración y el círculo vicioso de ella presionando y de Carlos paralizándose. Como era un círculo, daba igual por dónde se empezaba el cambio: iba a tener repercusiones. Dedicamos este libro a los padres porque es a ellos a quienes les toca dar el primer paso en una dirección más favorable.

Volviendo a nuestra protagonista, una vez que Ana puso en práctica lo sugerido en términos de dar un giro a su forma de comunicarse con su hijo y ocultar lo que verdaderamente quería decir con el fin de generar una reacción diferente, ella misma comenzó a notar diferencias con la situación previa, viendo a su hijo más seguido, más abierto a conversar con ella, con una clara disminución en el número de conflictos que tenían cada semana porque Carlos estaba más presente y mejor.

La situación de Carlos y su madre nos pareció representativa de situaciones en las que se encuentran muchas familias que se ven en la trampa de un intento infructuoso de generar cambios sin detenerse a analizar por qué lo que se ha intentado una y otra vez no da los resultados esperados. Sugerimos tomar la perspectiva aparentemente «loca» de mirar la misma situación desde un punto de vista de *no sentido común*.

11. Ideas para padres novatos, cortesía de padres veteranos: todo sale bien al final

Karin Schlanger y Juan Luis Linares

Nos conocimos hace ya bastantes años, probablemente entre diez y quince, en Buenos Aires, Argentina, por mediación de nuestro común amigo Marcelo R. Ceberio, e inmediatamente una corriente de mutua simpatía se estableció entre nosotros. Descubrimos gustos y aficiones comunes, viajamos juntos, incluimos a nuestras respectivas parejas e hijos en el naciente entramado relacional, y, así, la simpatía se convirtió en un sólido cariño.

Nos hemos encontrado por motivos profesionales y personales en muchos lugares en el mundo: Juan Luis visitó varias veces Palo Alto, donde participó en los cursos que Karin organizaba en el Mental Research Institute, y, en justa correspondencia, Karin fue huésped de Juan Luis en Barcelona, dictó seminarios y participó a su lado en numerosas actividades clínicas y sesiones terapéuticas en el Hospital de Sant Pau. A ambos se nos hizo evidente que, sobre el terreno y en la práctica, nos entendíamos perfectamente, aunque Karin llamara clientes a quienes Juan Luis llamaba pacientes y cosas de ese tipo.

En fin, no disimulamos el afecto personal, pero tampoco la comunidad de criterios profesionales, y es desde allí que queremos cerrar este libro para padres, dejando la esperanza, basada en seis hijos en diversas etapas de crianza, de que las cosas salen bastante bien al final.

Dicen que la naturaleza es sabia. Y de algún modo, más allá de la obvia antropomorfización que tal definición refleja, debe de ser cierto, a la vista del orden maravilloso que preside el complejo despliegue de los ecosistemas.

Sin embargo, a veces dan ganas de sucumbir a la tentación de pensar que la naturaleza es estúpida. Especialmente cuando las consecuencias del entuerto incumben a nuestra salud, como ocurre en las llamadas *enfermedades autoinmunes* o en otras como el *reumatismo poliarticular agudo*. ¿Puede entenderse que el organismo reaccione frente a una infección estreptocócica, eventualmente no muy grave, con una reacción defensiva capaz de generar serios trastornos articulares e incluso una endocarditis mortal? ¿O que no reconozca la propia glándula tiroides y la ataque y destruya cual si de un cuerpo extraño y hostil se tratara?

La naturaleza comete errores, a veces trágicos, y es obvio que los humanos, sus más díscolos hijos, participamos de ellos generándolos y desarrollándolos, aunque, en cierto sentido, también sufriéndolos. Tal contradicción se debe a que las más significativas y relevantes equivocaciones humanas se producen precisamente en ese ambiguo territorio en que se entrecruzan nuestra nunca del todo asumida pertenencia a la naturaleza, y la formación reactiva con que pretendemos afirmar nuestra singularidad, esto es, la cultura.

Hay numerosos ejemplos. Desde el punto de vista de la naturaleza, somos *homo sapiens* desde hace bastantes miles de años, durante los cuales no hemos sufrido mutaciones significativas que nos permitan cambiar de condición. Y, sin embargo, durante ese tiempo hemos protagonizado un despegue cultural de tal magnitud, que somos más distintos de facto que si hubiéramos escalado genéticamente a una nueva especie. Sin molestarnos en buscar otros indicativos, la longevidad nos muestra suficientemente tal diferenciación: en poco más de cien años hemos doblado nuestra esperanza de vida, gracias a progresos culturales como los antibióticos, las vacunas y los conocimientos dietéticos. Claro está que por ello pagamos un tributo en forma de hipertrofia de próstata (los hombres), osteoporosis (las mujeres) o artrosis varias en miembros inferiores (ambos géneros).

Y es en esa encrucijada tan intensamente definitoria de la humana condición, en la que la actividad relacional se manifiesta en su infinita complejidad, donde pretenden incidir estas líneas. Isomórficamente con lo que sucede en nuestro *hardware*, también en nuestro *software* se producen contradicciones desencadenadas por ciertas disfuncionalidades y los mecanismos puestos en marcha para atajarlas.

Les contaremos a continuación algunos casos de situaciones familiares con las que nos encontramos en nuestra práctica y luego las historias más *«light»* en nuestras propias familias. En todos los casos, las familias hacen lo que hacen con buenas intenciones y con el sentido común afilado y apuntando en la dirección que creen que es la correcta. Es que a veces eso lo hace peor.

En un caso de psicosis: Hernando, un joven de veinticinco años, empleado de banca, súbitamente provoca la alarma de sus superiores porque empieza a tramitar préstamos sin garantías, siendo él mismo quien aconseja a los clientes que los soliciten. Requerido urgentemente por el director de la oficina, alega que él tiene una misión, consistente en implantar la justicia social en el mundo facilitando la distribución de la riqueza.

Suspendido fulminantemente de su empleo, para Hernando comienza una carrera psiquiátrica que pasa por un diagnóstico de esquizofrenia paranoide y el internamiento en una unidad de agudos con la consiguiente prescripción de medicación antipsicótica. Al mismo tiempo, da inicio a una terapia familiar.

La historia de Hernando comienza como hijo único en una familia en la que los padres mantienen una relación de extrema rivalidad, a la vez que se palpa entre ellos una atracción sexual que no ha disminuido con los años. Se pelean y discuten ferozmente, a la vez que coquetean sugiriendo sin mucho disimulo una estrecha conexión erótica. A medida que avanza la terapia y Hernando aprende a confiar en el terapeuta, sus expresiones van siendo progresivamente más lúcidas:

—*Mi madre me engañó. Yo llegué a creerme importante para ella, quiero decir que pensé que contaba algo como su aliado en el campo de batalla con mi padre. Pero luego veía sus ojos, fijos en los de mi padre, y comprendía que yo no significaba nada. Cuando mis padres discutían, yo dejaba de existir.*

Los problemas de Hernando no se limitaron a su familia de origen. Consiguió su trabajo en el banco gracias a las influencias de un alto cargo de la empresa, de una familia amiga de la suya, lo cual era de dominio público entre sus compañeros. Por eso, Hernando tenía a menudo la vivencia de ser transparente.

—*Sentía que las miradas de mis compañeros, cuando se dirigían a mí, en realidad me traspasaban como si yo fuera transparente, para ir a fijarse en un imaginario Felipe Castejón, ausente físicamente pero presente en sus fantasías como la persona que me había recomendado.*

No es raro que este tipo de circunstancias se encuentren en el desencadenamiento de una psicosis, representando la gota de agua que colma un vaso de desconfirmación, ya muy lleno en la familia de origen.

Desde esta perspectiva, el delirio de Hernando representaba un intento desesperado de hacerse visible, de forma inmediata en su trabajo, pero, sobre todo, en el mundo simbolizado por su familia, donde un benefactor de la humanidad encargado de distribuir la riqueza de forma justa no podría ya, nunca más, ser ignorado.

Afortunadamente, la terapia familiar, iniciada precoz y oportunamente, permitió atajar las soluciones intentadas por parte de todos los miembros en esta familia: cuanto más Hernando trataba de hacerse visible de maneras no adaptadas al mundo que lo rodeaba, más intentaban sus padres decirle que todo estaría bien, sin cambiar las formas de interacción entre ellos y con su hijo. La conversación diferente entre los miembros de la familia logró evadir la cronificación de la situación no deseada, entendiendo etimológicamente por cronificación (cronos = tiempo) la conversión de aquella en una pauta estable y duradera, de más difícil (¡nunca imposible!) erradicación.

En un caso de depresión: Carmen se marchó de casa de sus padres cuando se casó. Y decir que se marchó significa que se fue, a todos los efectos. Eso podría no parecer una noticia, pero en este caso lo sería, porque de casa de los padres de Carmen no se iba nadie, *«salvo esta chica, que siempre quiso destacar por independiente»*.

—*Pues que con su pan se lo coma. Ya tendrá motivos para arrepentirse.*

Los padres de Carmen vivían en una casa de dos plantas, de la cual el negocio familiar, una tienda de tejidos, ocupaba los bajos. Por la casa desfilaban continuamente las cuatro hermanas de Carmen, colaborando en la tienda cuando podían y almorzando en el primer piso la rica comida que preparaba la madre. También Carmen habría debido participar del desfile, *«pero ya sabemos cómo es esta chica...»*.

Carmen tuvo dos hijos y trabajó durante unos años en unos prestigiosos grandes almacenes. Luego probó suerte estableciéndose por su cuenta, también con una tienda de tejidos, y, por un tiempo, el negocio le funcionó. Pero llegó una crisis que puso la economía patas arriba y su modesta tienda tuvo que cerrar. Y entonces Carmen se deprimió.

El regreso al redil familiar fue para Carmen un calvario, cuya sola previsión ya había tenido el efecto de desencadenar su depresión. De alguna manera, Carmen sabía (porque en las familias siempre se sabe) lo que le esperaba. Que no era sino un nuevo baño de descalificación.

Ciertamente, se guardaban las formas, prueba de lo cual era el hecho de que, en la mesa de la casa de sus padres, apareció un plato para Carmen. Y, en una versión depresógena de la parábola del hijo pródigo, se celebró su reaparición festivamente, con comentarios irónicos de aparente buena intención sobre el triste fracaso de su aventura extrafamiliar, comentarios del tipo:

—*Pobrecita, nuestra hija, que pensaba que se iba a comer el mundo... y el mundo se la comió a ella...*

Y mientras, Carmen, extremando la intensidad de sus síntomas, se hacía acreedora al diagnóstico de *«de-*

presión mayor resistente». Fue en ese momento cuando la familia, el sistema que contenía a Carmen, pidió ayuda porque se encontraron sin saber qué hacer. El sarcasmo ya no funcionaba. Carmen estaba incluida en el sistema, pero era muy infeliz y eso los preocupó. Intentaron, como comúnmente ocurre en casos de extrema tristeza, que estuviera más feliz: ya encontrarás tu camino, la vida no te ha tratado tan mal, alégrate ya que tienes a tus hijos y a tu marido. ¿Cómo lograr que todos hicieran algo diferente? ¿Cómo darle esperanzas a Carmen en acciones en lugar de en palabras, que son fútiles?

La terapia familiar aprovechó la circunstancia de que los padres, ya mayores, estaban buscando la manera de traspasar su negocio. Y, previa negociación con Carmen, se propuso su candidatura para hacerse cargo de la tienda. La familia, siempre a su manera, de formas suaves pero de gran crueldad de fondo, puso el grito en el cielo ante lo que preveía como la gran hecatombe. Pero, en la negociación, se convenció «a ambas partes» (la descalificadora y la descalificada) de que Carmen aceptaría un período de prueba durante el cual debería demostrar sus habilidades. Y la cosa funcionó: Carmen tendría su lugar más o menos independiente dentro de esta familia que había logrado ver la realidad desde otro punto de vista… con ayuda de alguien externo.

Finalmente, hablemos de Gonzalo, que es un hombre de treinta y cinco años, alto, fuerte y guapo, de hermosos ojos verdes. Además, a pesar de sus escasos estudios regulares, ha leído muchísimo y posee una cultura enciclopédica, complementada con una inteligencia brillante. Sin embargo, su autoestima es escasa y manifiesta gran timidez, sobre todo en el contacto con las mujeres, con las que el flirteo se le hace casi imposible, a pesar de ser un hombre muy atractivo.

Dice que siempre se ha sentido rechazado por sus padres, en una dinámica que nosotros definimos como el *«síndrome del patito feo»:* el hijo que sale cisne en una familia de patos. Porque, efectivamente, frente a las impresionantes dotes de Gonzalo, los padres son personas normales en su contexto social, de extracción obrera y sin ninguna cualidad sobresaliente.

Gonzalo no ha completado ni siquiera estudios medios, lo cual, dadas sus capacidades, indica una firme determinación de fracasar en la vida. Y ese es, efectivamente, un componente importante de su estilo relacional: se presenta como víctima y arremete con gran violencia contra el victimario de turno, sea quien sea. Ni que decir tiene que ese papel recae la mayoría de las veces en sus padres, juntos como pareja o en turnos individuales.

He aquí la danza que baila esta familia. Desde el punto de vista de Gonzalo, frente a su profunda vivencia de rechazo él provoca a sus padres de diferentes maneras para intentar conseguir una respuesta de aceptación, pero, desde el punto de vista de los padres, la reacción que fatalmente obtiene con ese procedimiento es más de lo mismo: rechazo. Cada danzante hace lo que hace para lograr su cometido, excepto que ello no funciona para nadie.

Gonzalo pidió ayuda, pero el terapeuta familiar encontró una extraordinaria dificultad en modificar la actitud de los padres en el sentido vinculador y aceptador. En consecuencia, se trabajó individualmente con Gonzalo para generar los sentimientos de vinculación y aceptación. Sus padres ya eran mayores y quizás menos plásticos en su posibilidad de cambio, por lo tanto, Gonzalo, que ya era adulto, ganaría emocionalmente si dejaba de pedir aceptación de la misma manera en la que lo había estado haciendo hasta ahora: provocándolos. Sin retomar formalmente los estudios, Gonzalo se construyó una profesión como informático a partir de sus importantes conocimientos en la materia, y pronto comenzó a rentabilizarla. Y, laboriosamente, fue renunciando a su provocativa *«solución intentada»* en el terreno de las relaciones interpersonales, especialmente con sus padres.

Queda claro con los ejemplos descritos que los hijos llegan sin «manual de instrucciones» y como padres lo hacemos lo mejor posible, algunas veces con mayor tino que otras. En todas las situaciones es importante recordar que cada hijo es único y diferente: lo que hicimos con el primero tal vez no funcione con el segundo o con el cuarto. Además, dependiendo de dónde están los hijos en el orden familiar, los hermanos mayores tienden a tener influencia en el proceso de «encauzamiento» generalizado que es la educación de los hijos.

Como nos gusta hablar desde ejemplos, aquí van otros. ¿Qué hacer con los terrores nocturnos del primer hijo cuando nos pillan por sorpresa? Ante todo, respirar profundo y no dejarse llevar por el pánico también. Karin tiene una anécdota simpática que ocurrió con su primer hijo. Como muchos varones, por lo menos en Estados Unidos, alrededor de los dos años estaba fascinado con los dinosaurios: Stegosaurus, Triceratops, Brontosaurus y el temido Tyrannosaurus rex. Pero con la fascinación llegaron las pesadillas. Con su experiencia con las cosas de *no sentido común*, Karin sabía que tratar de hablar, de convencer al hijo de que los dinosaurios ya no existían, que no podían lastimarlo, que «era solo un sueño», no iba a funcionar para que las pesadillas dejaran de invadirlo. Entonces: ¿qué sería diferente? ¿De qué manera se podía hablar de los sueños para que fueran menos invasivos? Así fue como, una mañana, durante el desayuno, Karin quiso saber detalles.

—Yo estoy jugando con unos dinosaurios y lo estamos pasando muy bien, pero de repente llega la mamá y me empieza a perseguir, amenazante. Yo corro rápido, pero ella corre más rápido y cada vez que me está por agarrar me despierto —dijo el niño.

—¿Y ya les has dicho a tus amigos dinosaurios que prefieres que su madre no te eche? —preguntó Karin.

—No, porque no hablamos demasiado —respondió el niño.

—Mmmm. ¿Y qué pasaría si, en lugar de echarte a correr cuando llega la mamá, intentaras presentarte como amigo de sus hijos? Por lo menos así sabría que tú no eres una amenaza —propuso Karin.

Esa fue toda la conversación, y los terrores nocturnos cesaron. Curiosa como siempre, unos días más tarde Karin volvió a preguntar por los dinosaurios en los sueños. La respuesta llegó bastante rápido por parte del hijo: «Ah..., ya no son un problema. En el sueño me convertí en uno de los huevos que ella está protegiendo, con lo cual cuando soy pequeño me parezco a ellos ¡y me tiene que proteger como a sus otros pequeños, en lugar de tener que echarme!».

Mantener conversaciones acerca de qué temen o les molesta a nuestros hijos suele tener consecuencias fructíferas. Por un lado, permite contextualizar, tanto para los padres como para los hijos, aquello que les preocupa, de modo que los hijos mismos pueden verlo desde otro punto de vista y, en consecuencia, aplicar soluciones diferentes que les permitan «conquistar» por sí mismos aquello que les preocupa. Para los padres, hacer preguntas de tipo *curioso*, que nos permiten entender mejor lo que está ocurriendo, también ayuda a poder ofrecer sugerencias que van en contra del sentido común. Se ha de recordar que, en el momento en el que los hijos vienen a los padres con inquietudes, ellos mismos le han dado vueltas y no han logrado llegar a una conclusión satisfactoria. Esas soluciones ya suelen incluir las de sentido común y por eso aconsejamos a los padres no dar la primera respuesta que les viene a la mente porque será siempre probablemente la respuesta de sentido común que, en otro contexto, quizás hubiera ayudado, pero, para cuando *los sueños se han convertido en pesadillas*, metafóricamente, esa sugerencia ya tiene pocas posibilidades de ser útil. Si cambiamos el tema de las pesadillas por el de «Me ofrecieron marihuana en la fiesta» o «Mi novio dice que si no accedo a lo que él quiere ya no será mi novio», empezamos a ver la importancia de no reaccionar inmediatamente «desde las vísceras», sino más bien tratando de mantener la calma y desde allí hablar para que la conversación sea productiva para ambas partes. Hasta es posible que sea necesaria más de una conversación si el tema es complejo y que la nueva solución tenga que esperar un par de días. Mantener los canales de conversación abiertos con los hijos es siempre la meta que hay que lograr, pero somos conscientes de que esto exige práctica y no siempre funciona.

¿Qué mejor herramienta podemos darles a los hijos que el poder resolver sus propias preocupaciones?

Cuando los hijos son pequeños les damos las soluciones, pero una transición interesante e importante que hay que lograr en una familia es que los hijos hagan la transición a ser adultos y a tratarlos casi como pares. Es una transición que empodera tanto a los padres como a los hijos, pero que al mismo tiempo puede generar inquietud, porque es posible que los hijos decidan no elegir a los padres como sujetos con los que quieren interactuar. Tanto Juan Luis como Karin elegimos seguir ofreciendo viajes interesantes para toda la familia como forma de reconectar y poder mantener puentes familiares.

Otra estrategia que hemos encontrado que funciona con hijos adolescentes y jóvenes adultos es «posponer» los permisos o las conversaciones. Un colega de Karin contaba que su hijo de dieciocho años estaba obsesionado con comprar una moto, en una parte del mundo en la que las motos son poco frecuentes y, por lo tanto, es peligroso conducirlas.

Se trataba de su tercer hijo y John, el colega, sabía perfectamente que no quería autorizar una moto. Como consecuencia, cada vez que el hijo le hablaba acerca de la moto —había hecho investigación para tratar de convencer al padre acerca de las estadísticas que indicaban la seguridad de conducir una moto— el padre decía que era todo muy interesante y que lo pensaría. Y lo hacía por suficiente tiempo hasta que el hijo volvía a arremeter con más teorías de por qué la moto era una buena idea y se encontraba con que el padre volvía a decir que tenía que analizar y pensar. Finalmente, un día el hijo, probablemente cansado de esperar y de no tener movilidad propia, vino a hablarle al padre acerca de la posibilidad de comprar un pequeño automóvil, a lo cual John contestó inmediatamente: «¡Excelente idea! Déjame ayudarte con la mitad del coste del automóvil que sugieres».

La forma en que fue manejada la interacción logró que ninguna de las partes se sintiera ofendida: es un buen ejemplo del juego de ganar tiempo, hasta que ambas partes ganan.

El denominador común en los ejemplos presentados hasta ahora es que, en lugar de una situación que parece no tener solución, donde no se ve la luz al final del túnel, el tomarse el tiempo de pensar, de ver el contexto, de analizar la situación de manera calmada, genera una sensación de esperanza en los actores y, por definición, cuando hay esperanza, se dan menos manotazos en el vacío y, por lo tanto, se abren opciones de acciones que tendrán potencialmente resultados más positivos.

Conclusión

Karin Schlanger

A modo de cierre, esperamos que el libro les haya sido útil.

Creemos que la diferencia en esta aproximación a la resolución de conflictos antes que se tornen problemas es diferente a otras aproximaciones porque es fluida y se adapta a cada situación en particular. Nuestro modelo se llama Terapia Breve no tanto por una cuestión económica, sino más bien porque desde un principio nos interesa ver qué se puede lograr, qué se puede cambiar en una situación que está causando dolor cuando se cambia el marco de referencia desde el cual se ve la situación. En la colaboración con la gente que sufre, tratamos de ver un ángulo no contemplado hasta entonces porque es de «no sentido común» y, por lo tanto, diferente. Y hacemos el trabajo adoptando una mirada ética, constructiva y con apoyo afectivo positivo.

Respetamos las historias, las ideas que nos trae la gente porque es la única «puerta de entrada» al sistema que nos ofrecen. Nos caracteriza el respeto, siempre. Habiendo estudiado cibernética y constructivismo, intentamos usar lo que sabemos acerca del comportamiento humano, pero, claro, no podemos predecir el futuro: solo podemos hacer sugerencias que nos parecen útiles. Todos aprendemos con la práctica y, de la misma manera, como padres aprenderemos algo de nuestros primeros hijos que luego aplicaremos con mayor facilidad a los otros. ¡Es el primero el que nos cambia la vida! Nadie nos prepara para ello, a pesar de que todos creíamos «saberlo».

Por último, los consejos y sugerencias en este libro, ciertamente, no son terapia: son ideas, lo que hemos aprendido en nuestra vida profesional acerca de cómo utilizar las fortalezas de las personas en sus vidas.

Sobre los autores

Carmina Gillmore, mediadora

Carmina es de Chile y disfruta trabajando en varias profesiones: es periodista, comunicadora estratégica en intervenciones sistémicas, orientadora. Actualmente ejerce como docente en la Universidad de Los Andes y es directora ejecutiva de «Diálogos Colaborativos». Se formó en el Brief Therapy Center de Palo Alto y cuando tiene tiempo libre disfruta de sus tres hijos adolescentes en familia. También le encanta viajar.

Clara Solís, psicóloga

Es profesora universitaria en la carrera de Psicología del área clínica y de la salud en la UNAM campus Zaragoza. También es fundadora, directora y docente del Brief Therapy Center México. Colabora profesionalmente con Karin Schlanger desde hace diez años. Se dedica a la enseñanza y a la práctica de la Terapia Breve en contextos universitarios y en sociedades marginales. En su tiempo libre lee vorazmente, pero también le gusta viajar y hacer de guía en diferentes lugares de su querido México.

Esther Krohner, MFT

Esther es psicóloga clínica y vive en Oakland, California. Trabaja con sus clientes para ayudarlos a crecer como personas y a lograr que el cambio que ellos visualizan sea posible. Ha estudiado la Terapia Breve de Resolución de Problemas desde hace años porque le resulta apasionante. Esther viene a la terapia desde el yoga, lo cual le brinda una mirada holística interesante. Cuando está libre, disfruta de ser mamá de una niña y un niño, del yoga, de deambular por la naturaleza y de cocinar.

Gloria Díaz, psicóloga

Gloria es psicóloga de la Universidad de Barcelona, donde conoció la Terapia Breve; su pasión por ella la lleva a formarse en el Brief Therapy Center de Palo Alto. Desde entonces vive en San Francisco, California. Entrena y da clases a otros profesionales en el modelo de Terapia Breve de Resolución de Problemas. Además, tiene un grado en interpretación de piano del Liceu de Barcelona. En su tiempo libre disfruta de sus hijos, de la música y de los viajes.

Ignacia Pérez Botto, psicóloga

Ignacia es una psicóloga chilena, radicada en Estados Unidos, con entrenamiento intensivo en el Brief Therapy Center de Palo Alto. Antes de mudarse a Estados Unidos vivió en Canadá. Actualmente disfruta de ver cómo este modelo es aplicable a una gran variedad de situaciones de interacción humana, ya que el foco no es la etiqueta, sino lo que para la persona es el problema. En sus ratos libres disfruta de su tiempo en familia, con su hijo pequeño y su perrita Simona.

Juan Luis Linares, MD, PhD

El doctor Juan Luis Linares es médico por la Universidad de Granada, psicólogo por la Universidad de Barcelona, doctor en Medicina por la Universidad Autónoma de Barcelona, psiquiatra y exprofesor titular de Psiquiatría de la Universidad Autónoma de Barcelona, donde lideró la terapia familiar en el Hospital de Sant Pau de esa ciudad. En su tiempo libre disfruta de sus cuatro hijos, de sus tres nietos, de cocinar manjares y de viajar a lugares del mundo donde nadie más tiene la valentía de aventurarse.

Margarita Irazusta, psicóloga clínica

Margarita es psicóloga clínica y vive en Paraguay. Trabaja con la Terapia Breve de Resolución de Problemas con éxito desde hace diez años con adolescentes, adultos, niños, padres y familias. Es directora del Brief Therapy Center Paraguay y profesora en la Escuela Sistémica Paraguaya (ESPa). Además, desde hace años es profesora de inglés de alto nivel y acaba de comenzar una alianza estratégica con la consultora Counseling en Asunción. En sus ratos libres Margarita juega apasionadamente al fútbol.

María Lleras de Frutos, psicóloga

María es psicóloga clínica y vive en Cataluña, España. En la actualidad trabaja en el ámbito de la psicooncología, mientras realiza su doctorado en psicooncología y tecnologías de la información/comunicación. Tuvo su introducción a la Terapia Breve de Resolución de Problemas en el Brief Therapy Center de Palo Alto y trabaja desde ese modelo desde entonces. Es psicoterapeuta individual y familiar en procesos de adolescentes, jóvenes y adultos. María es una entusiasta estudiante, pero *vive* para los viajes que realiza anualmente.

Pedro Vargas Ávalos, licenciado en Psicología

Pedro obtuvo su grado en la Facultad de Estudios Superiores Zaragoza, en la Universidad Nacional Autónoma de México. Además es doctorando en Filosofía de la Universidad Autónoma Metropolitana Iztapalapa. Tiene entrenamiento en el Brief Therapy Center de Palo Alto, California. Es profesor de carrera en Psicología Clínica en la Facultad de Estudios Superiores (FES) Zaragoza y responsable de la maestría con residencia de Terapia Familiar en la FES Zaragoza del programa único de posgrado de la UNAM. Participa en la sede del Brief Therapy Center México. Pedro dedica todo su tiempo libre a leer, inventar y viajar.

Raquel Maresma Bernal, psicóloga

Raquel es psicóloga y terapeuta familiar y vive en Cataluña, España. Se especializa en la Terapia Breve, trabajando como terapeuta individual sistémica con parejas y familias en el Instituto Sistémico de Barcelona. Es docente en la Universidad Internacional de Valencia (VIU) y en la Universidad de Barcelona. Cuando no está trabajando, Raquel disfruta de la naturaleza, de los viajes a la playa y de sus dos hijos jóvenes.

Karin Schlanger, psicóloga

Karin es de Argentina pero vive desde hace casi cuarenta años en Palo Alto, California. Es la directora del Brief Therapy Center que formó parte del MRI hasta finales de 2019. Es profesora en varias universidades en Estados Unidos y España, autora de capítulos y libros traducidos a varios idiomas, conferenciante en el mundo y entusiasta del cambio que produce el modelo de Terapia Breve de Resolución de Problemas en familias, individuos, parejas y también empresas. En su poco tiempo libre le gusta la jardinería, el tejido y los viajes con su familia. Tiene dos hijos adultos, de los cuales sigue aprendiendo sobre la vida.

Si los lectores tienen más preguntas, pueden escribir a kschlanger@brieftherapycenter.org